讓教學成為一場靈性饗宴

靈性教育三部曲
序 ——— 幕
場

The Influence of Spiritual Education
Volume 1 Prelude

*Spiritual growth occurs in people's thoughts and hearts,
and then brings action, which changes people's lives!*

張育慧 Hope Chang 著

致　　謝

謹以此書特別感謝
"曾給予我教導與支持的師長"

高天香老師
教導我基督教教育與婦女神學的啟蒙老師

林鴻信老師
帶領我進入神學教育殿堂的恩師

鄭仰恩老師、曾宗盛老師
給我亦師亦友般的教導與鼓勵

馬約翰牧師
總是在我需要的時候出現並支持我的屬靈大家長

林元生長老夫婦
開拓了我的基督教靈性的視野

Special Thanks to
Dr. Frank Rogers
Who has been the support in all kinds in my long doctoral journey

Dr. Sheryl Kujawa-Holbrook & Dr. Rosemary Radford Ruether
Who always encourage me and want me to be successful

以及
"愛護我的家人與親友"

爸爸、媽媽、弟弟與家人們
親愛的四姨公 邱善雄牧師
永遠無條件支持我的好同學 麗淑姐
激發動力的好搭檔 Crystal
參與書本製作與校對的好友與夥伴
一直為我禱告的代禱勇士們

還有
"遠在美國的主裡家人、長輩與好友"

亞伯蘭教會 (Upland Presbyterian Church in Upland, CA)
新生命教會 (New Life Church in Camarillo, CA)
游智婷牧師與讚美之泉團隊
玲華阿姨、正子阿姨、滋芬阿姨

Contents 目次

CHAPTER 1 使靈命成長的教導

靈命成長理論

CHAPTER 2 教師的所是與所教

CONCLUSION 結語

Foreword **推薦序**

靈性教育的先行者

—— 徐巧玲（新北市立崇林國中校長、國立臺灣師範大學教育心理與輔導研究所博士）

　　從小我就是個不斷追問「生命意義」的人，而後在信仰中接觸「靈性」、體會「靈命」成長的重要，讓我能「安身立命」，不再終日惶惶、飄泊無依。

　　而自己從事教育工作廿多年，也非常希望有朝一日也能把這樣的領悟傳承給孩子，讓他們在學校除了學習生活所需的知識與技能外，更能夠擁有來自「永恆」生命的眼光及紮實的操練，讓他們一生遇到挫折風暴時，能依然昂首挺立。特別是近年青少年憂鬱、自殺人數節節攀升，更顯示出臺灣在推動靈性教育上的確是當務之急。

　　而目前談到「靈性」的教育層面，我們還是感到相當陌生，甚至心裡也有許多疑惑，而本書無疑是臺灣基督教觀點「靈性教育」的先行者，幫助我們精準地認識與入門。作者以深厚的學術底蘊並融合本土經驗，為我們擘劃出靈性教育的架構與藍圖，先是深入淺出介紹「靈性教育」，包含：五大靈命成長理論、教師之「所是」與「所教」，最後則彙整出靈性教育最重要的

三元素:施教者(教師)/受教者(學生)(即參與在其中的「人」)、真理(即施教的內容)與聖靈(即「神」的同在),並編寫成靈性教育三部曲。

這是臺灣第一套系統化說明如何推動靈性教育的書,相信這也將是領航靈性教育浪潮的重要關鍵。作者除了致力建構完整的理論基礎外,更用心研發靈性教育教材,讓靈性教育的推動配套更加完備!引頸期盼套書的完成,更期許你、我及未來世代,都能接觸「靈性」、操練「靈命」,不管在學校、家庭及職場,一起實踐靈性教育,帶領更多人進入神國度,享受屬天的平安喜樂與豐盛恩典。

Preface 自序

使靈命成長的靈性教育

—— 張育慧 Hope Chang

「靈性教育」是一門什麼樣的學科？要學些什麼？又要教些什麼？這三個問題的答案可短可長，端看我們用什麼樣的角度去理解與回答，這也是當代文化中特有的、多元觀點的特色。若是從傳統的「宗教教育」的觀點來看，以基督教信仰為主的宗教教育中，所教導與談論的內容，通常會將重點放在兒童主日學的課程，或是教案的設計，這也的確是宗教教育的範疇；而實際上，宗教教育是需要從更寬廣的角度去做思考的。簡單來說，基督教信仰中的宗教教育是關乎全人全齡的，針對「基督教信仰如何能夠為人們帶來身心靈方面的影響與成長」作全面性的思考；而基督宗教教育和一般教育最大的不同在於：基督宗教教育除了教授聖經中的知識，同時也關注人們的靈性，因此，若是我們將基督宗教教育的概念做完整的詮釋，其實就是關乎靈性的教育。

美國傑出的教育學者，巴默爾（Parker J. Palmer），就曾經在「未來在等待的教育」一書中，強調了靈性在基督宗教教育中

的重要性，甚至特別用了一整章的篇幅去解釋，以教育塑造靈性的重要。[1]巴默爾在書中提出：從前在修道院中所看到的靈性操練，仍然可以在現今的學校中，看到一些殘存的跡象。[2]巴默爾的觀點顯示了：一般教育的方式，儼然成為了靈性形成的另一種形式；巴默爾甚至提出呼籲：一般教育需要注重發展靈性。[3]巴默爾所提出的論點，是從美國的處境作為思考的出發點，因為美國是一個基督教為主流的國家，其文化與處境自然就含有豐富的基督教思維在其中；然而，台灣擁有多元宗教的文化背景，且具有容易接納外來思想的文化特色，這樣特殊的處境，造就了台灣人對於「靈」，有更多元的體驗與理解，所以，常常聽見台灣人並不排斥算命、問事……等這一類跟「靈」有關的事；因此，我們其實比任何基督教主流的國家，更需要去思考：靈性教育與一般教育的關聯，以及如何將靈性形成的概念融入到教學的現場！

　　嚴格來說，「基督宗教教育」和「靈性形成」一直是密不可

分的，因為基督宗教教育的過程，其實就是一個形塑靈性的過程。基督宗教教育所關注的對象：從初生的嬰兒，到人生經驗豐富的年長者；從對基督宗教有興趣的慕道友，到信主多年的基督徒。不同的年齡、不同的信仰階段、不同的信仰經歷，都是基督宗教教育所關注及想要探討的範疇。而基督宗教教育的終極目的，就是幫助所有的人們，能夠更多的明白—神的話語、更深切的體會—神的愛的存在、進而連結信仰與生活，幫助人們建立與神的關係，並且享受在這樣的關係中，進而活出具有神的樣式的生命，建立與神、與自身、以及與他人的和諧關係；這是一個靈命成長的歷程，也是靈性形成的過程。因此，基督宗教教育就是靈性教育！

本套書從宗教教育中的基督教觀點出發，探討靈性教育是如何能夠被應用在台灣處境的教學現場之中。在導論中，我嘗試將「靈命成長」和「教與學」做一個探討與連結，並提出這整套書的立論基礎：宗教教育就是靈性的教育。在靈性教育的

過程中，包含了不可或缺的三個重要元素：施教者（教師）/受教者（學生）（即參與在其中的「人」）、真理（即施教的內容）與聖靈（即「神」的同在）。這三個元素就構成了靈性教育的三部曲；因此，在本套書的第二、三、四本書中，則是針對施教者/受教者、真理與聖靈這三個元素，來做更深入的思考與探討。在最後一本書中，我提出了一個主張：讓教學成為一場靈性饗宴；因為，每一個教學現場，都是教師為靈性教育所創造出的學習空間，在這個學習空間之中，老師和學生一同經歷一場神聖又特別的靈性饗宴。在這當中，老師不再是主角，而是引路者、陪伴者，同時，也成為一個學習者；學生不再只是被動的學習，而是投入者、分享者；聖靈在這當中的工作，為參與在教學現場的每個人，帶入了真理，並建立個人與群體的和諧關係。

---

[1] 巴默爾 (Parker J. Palmer)，<<未來在等待的教育—從創造生命的空間開始>>，宋偉航譯，台北：校園書房，2015，頁 31-49；Parker J. Palmer, *To Know as We Are Known: Education as A Spiritual Journey* (San Francisco, CA: Harper & Row, 1993), 17-32.

[2] 巴默爾，未來在等待的教育，頁 33；Palmer, *To Know as We Are Known*, 18.

[3] 巴默爾，未來在等待的教育，頁 33；Palmer, *To Know as We Are Known*, 18.

導論

　　靈命是如何成長的？靈命是可以透過教導而成長嗎？教師在個人靈命成長的過程中，可以帶來什麼樣的影響？又會受到什麼樣的影響？這本書主要著重在探討「靈命成長」和「教與學」，這兩大課題。

　　靈命，指的就是靈性生命，也就是一個人內在的生命。在基督教信仰的理解中，認為人們的靈性是可以有生命進程的。一個人在接觸或認識到基督教信仰，也就是所謂的「福音」之後，其靈命便會開始有所變化跟成長，之後可以透過研讀與查考聖經，更加認識基督教信仰；另外，參與在信仰團體的生活之中，就能夠更認識、經歷基督教信仰中所相信與談論的這位獨一的真神；同時，透過不同的靈修與操練的方式，一步一步學習和建立與神的關係，將自身的生活與基督教信仰產生連結，讓自己的靈性生命有所成長，並且為個人的整體生命帶來改變。因此，靈命的成長，是發生在人們的頭腦跟心靈之中，進而帶出行動，具有改變人們生命的影響力！

教學，顧名思義就是「教導」與「學習」，發生的對象包括了：教師（施教者）與學生（受教者）；因此，探討「教與學」，就是分別以教師和學生為中心來做分析跟研討。若是以學生為中心，在一般教育的範疇中，發展心理學與課程學，是教師相當重視的兩大課題；因為教師需要了解學生的心理發展狀態，並針對學生的需求，設計適當的課程，以達到最好的學習成效。然而，在基督教教育的範疇之中，除了前面提到的發展心理學以外，還需要再加上靈命成長理論的概念，這是以發展心理學的理論作為基礎而發展出來的理論，能夠幫助教師了解自身與學生的靈命成長過程，作為設計課程的輔助概念。而在施行教學的過程之中，教師的「所是being」與「所教teaching」，是影響靈性教育品質的重大關鍵；教師的「所是」，指的就是教師的內在生命；而教師的「所教」，則是教師所教導的課程內容和教學風格，也就是教師整體的生命呈現。

本書將重點放在：靈命發展與課程設計概念，這兩個面

向；在書的前半部，會概略的介紹美國近代諸多的宗教教育學者所提出的靈命成長理論，提供給教師、或有機會成為教師、講師的讀者們，作為教學準備的參考。文末則提供延伸閱讀的書單，方便教師們做自我進修；而在本書的後半部，則是延伸教師內在的「所是」，進而探討教師外在的「所教」，透過由內而外的方式，形塑教學風格的思維，從中帶入教育哲學與課程設計的概念；以此幫助教育工作者建立教學與設計靈性教育課程的基礎概念。

宗教教育是靈性教育

「原來我們不是顧念所見的，乃是顧念所不見的；
　因為所見的是暫時的，所不見的是永遠的。」
　　　　　—哥林多後書四18

　　宗教教育中的基督宗教教育是關乎全人全齡的，為了使信仰能夠對人們的靈命產生影響，進而帶來成長，身為一個基督宗教的靈性教育工作者，首先就需要思考：如何在教學中，使參與在其中的人們，對「靈性」有更兼具深度與廣度的思考。宗教教育所要教的，不只是「看得見的知識」，更是「看不見的信仰」，因為就如新約聖經上，保羅所說的，我們要顧念所不見的，因為那才是永恆的；這是因為：看得見的，都是暫時的；只有那看不見的、永恆的，才能為生命帶來盼望。從接下來的章節中，我們一起來思考：在基督宗教教育的教學現場中，如何形塑人們的靈命，進而對彼此產生影響，一同成長。

在基督宗教教育的教學過程中,靈性教育工作者首要的考量是:如何從教導看得見(實質的聖經內容,以及與其相關的背景與知識)的過程中,帶來看不見(靈命成長的契機)的教學果效,使所有人的靈命,都有機會能夠在其中有所成長。一個人的靈命要經歷過什麼,才能夠有所成長?這是許多基督宗教教育學者致力研究過的課題;以下透過不同的基督宗教教育家所提出的理論,幫助我們了解:基督宗教教育學者如何看待這個在信仰與靈性教育中,十分重要的議題。

使靈命成長的教導

CHAPTER 1

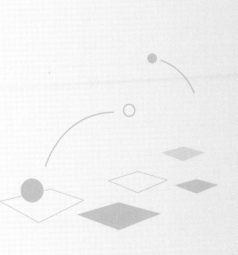

靈命成長理論

詹姆斯・福勒(James Fowler)的「信仰的階段」

　　從發展心理學的基礎上來看，在靈性信仰發展的理論中，最常被提及的就是近代有名的詹姆斯・福勒(James Fowler)以及他於1981年所出版的經典著作<<信仰的階段>>(Stages of Faith)。福勒的信仰發展階段是奠基於理查・尼布爾(Richard Niebuhr)與保羅・田立克(Paul Tillich)的神學思維(二者皆為著名的神學家)，以及皮亞傑(Jean Piaget)的認知發展理論和柯爾伯格(Lawrence Kohlberg)的道德發展階段之上(二者所提出的理論，在發展心理學中，有著舉足輕重的角色)。[4]福勒在書中表示，他在質性研究中發現：信仰是一個「變成」的過程，而非「一個人要成為什麼」的結果。[5]福勒將人類信仰的發展分為六個階段，分別是：直覺—投射式的信仰、童話—字面式的信仰、綜合—認同群體式的信仰、個人—反省式的信仰、契合式的信仰、普世化的信仰。[6]福勒認為：信仰與理性和人格特質有關聯，因為這其中牽涉到了個人的認知、價值觀與承諾委身。[7]福勒的理論，對於學習過發展

心理學的人們來說，是淺顯易懂的，且容易將其應用在生活的

實際狀況中；有趣的是，近年來，台灣的教育、社會研究科學以

及社工相關領域，也有開始探討福勒的理論的趨勢。(表一)

發展階段	發展狀況
直覺—投射式的信仰 Intuitive-projective Faith	孩童前期至大約八歲，反省思考從父母身上所見到的信仰。
童話—字面式的信仰 Mythic-literal Faith	孩童後期，從父母以外的他人得到信仰知識（一些成人停留在此階段）。
綜合—認同群體式的信仰 Synthetic-conventional Faith	青少年前期，適應他們的「群體」。信仰開始與不斷增加的生活中的複雜性結合。
個人—反省式的信仰 Individual-reflection Faith	青少年後期至成年人前期，注重在自己的承諾與信仰所帶來的責任。這是個人價值發展的時期。
契合式的信仰 Conjunction Faith	一個成熟信仰的階段，很少在卅歲前發現(常常是從來沒有到達這個階段)。不是從自己的立場去使誠實正直具體化，所做出的回應是超越種族、階級或意識形態的界限/範圍。第五階段的成年人將傳統立場與他們所抱持的懷疑，還有他人的觀點作一整合，並帶出一個全新的意義。
普世化的信仰 Universal Faith	到達這個階段的人們很少，通常是一些「屬靈的巨人」能夠達成。在這個階段，信仰是普世的，個人的身份認同超越了「神對自己是真實的感受」的層次。

表一 詹姆斯・福勒(James Fowler)信仰發展理論的六個階段[8]

詹姆斯‧羅德(James E. Loder)的「靈的邏輯」

　　另一位研究信仰發展的發展心理學家是詹姆斯‧羅德(James E. Loder)，其主要的著作有四本，其中較為人所討論的是1998年出版的《靈的邏輯》(The Logic of the Spirit)，以及在他過世前完成，由其學生妲娜‧萊特(Dana R. Wright)整理，並直到2018年出版的《在靈的邏輯裡的教育事工》(Educational Ministry in the Logic of the Spirit)。簡單來說，羅德認為人類的發展是透過四個面向：世界、自我、虛空與神聖，來發展的；這四個面向可以用一個二維座標系統（即數學常用的X、Y軸座標系統）來表達；其中，「世界」與「自我」在水平軸線的兩端，而「虛空」與「神聖」分別在垂直軸線的下端與上端。[9]在這個人類發展的二維系統中，水平軸所表示的是，人類在生活中「社會化」的程度，而垂直軸則是人類在靈性中，「轉化」的呈現。將羅德的理論，以圖示呈現，見下頁圖（圖一）。

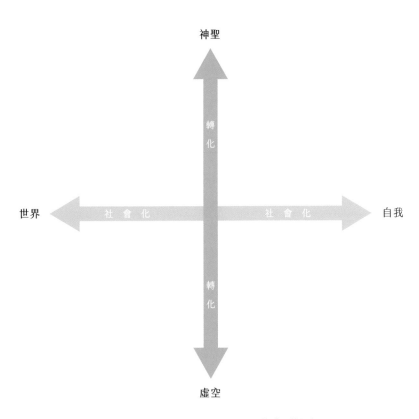

圖一　詹姆斯・羅德(James E. Loder)的「靈的邏輯」

　　在現實生活中，人們通常會注意到個人的社會化程度，這決定了一個人是否能夠適應在群體中的生活，因為連接自我與世界是一個直接切身的問題，也容易去觀察與分辨。相對於水平座標呈現的社會化程度，垂直座標所代表的「虛空」與「神聖」就比較抽象且形而上；然而，這卻是關乎人類靈性的重要層面！當人類開始思考生老病死相關的人生課題時，就會發現若是沒有信仰，人生的一切就會成為「虛空」；也就是說，在個人離世之後，一切都不復存在，是一場「虛空」。「虛空」的概念其實也同時存在於許多其他宗教之中，由此不難發現：「虛空」是當人類思考到人生相關課題時，無法避免，必然會遇到的課題；在羅德的理論中，「虛空」的相對是「神聖」，也就是說，當我們察覺到「神聖」，並深刻的體會，便可為生命找到意義，不再「虛空」，而使人們的靈性由體會「虛空」轉為領悟「神聖」，這個過程就是「轉化」。羅德認為：「轉化」是人類能夠成熟與茁壯的

要素，其中關係到人類對「神的同在」的理解與體認；因此，在現實生活中，「靈的邏輯」就與「轉化」有密切的關聯。[10]相較於其他主流的發展心理學將注意力放在每一個階段的發展任務或特徵等，羅德將關注放在每一個階段之間的轉變，他試圖將人類成熟和社會化的過程，連結到人們對於基督教信仰中「神聖」和「虛空」的理解，在發展心理學的基礎上，藉著這兩個主軸所構成的面向，來了解一個人在信仰上的發展方式；為了要能夠從人類不同的生命光景中，理解其信仰的成熟度，以此作為靈性教育的參考跟依據。跟之前所提到的福勒的信仰發展理論比起來，羅德提出的「靈的邏輯」理論，較少被人提及，這可能是因為羅德的理論相對抽象且深奧，不容易明白，更不容易說明；然而，若能仔細理解羅德的主張，會發現這其中，其實包含了深厚的神學、教育、發展心理學與靈修學的底蘊。

露絲·比吉克(Ruth Beechick)的「靈性發展理論」

較早於福勒與羅德，露絲·比吉克(Ruth Beechick)提出了基督徒的靈性發展理論，並認為每個年齡層都有屬靈發展任務。比吉克是一位美國近代的基督宗教教育學家，其主要的教育工作是在發展自學教育，以及在其中的信仰教育。比吉克根據廿世紀的教育與人類學家，羅伯特·哈維格赫斯(Robert Havighurst)的主張，將人類的靈性發展歷程，依照年齡分為四個時期：學齡前時期、小學時期、青少年時期、成熟時期。[11]基督宗教教育學家羅伯特·帕茲米諾(Robert W. Pazmino)將比吉克的靈性發展理論簡單整理如下表(表二)：

時期	靈性發展任務
學齡前時期 Preschool years	1.體驗愛、安全感、紀律、喜樂與敬拜 2.開始發展對神、耶穌以及其他的基督教信仰事實的覺察與概念 3.發展對神、耶穌、教會、自我以及聖經的態度 4.開始發展對與錯的概念
小學時期 Elementary school years	1.接受與認識耶穌基督是救主 2.在與他人的關係中，對基督徒的愛與責任有所覺察 3.繼續建構對基本基督教信仰事實的概念 4.學習適合個人信仰與基督徒生活的聖經教導 　　a.每日的禱告 　　b.日常生活的經文 　　c.基督徒的友誼 　　d.集體的敬拜 　　e.服事神的責任 　　f.對神、耶穌、聖靈、創造、天使、天堂、地獄、罪、拯救、 　　　聖經歷史與基督徒文學作品的基礎知識 5.發展對自我的健康態度
青少年時期 Adolescence	1.學習在日常生活展現基督徒的愛心 2.繼續發展對自我的健康態度 3.發展聖經知識與技巧，使其能夠面對信仰上的攻擊 4.增強基督徒特質的強度，使其能夠面對反基督/敵基督的社會壓力 5.接納與其能力相當的服事責任 6.學習以基督教的中心價值觀來做日常生活中的各樣決定 7.增強自我節制的能力，追求「天上的財富」
成熟時期 Maturity	1.接納自己要持續成長與學習的責任 2.接受對神與對他人都以聖經教導去行的責任 3.接納以神為中心的、有目的的、與神連結的生活

表二　露絲・比吉克(Ruth Beechick)的基督徒靈性發展理論[12]

　　由表二可以看出，比吉克嘗試將信仰教育中的靈性發展任務，與人類各個不同時期的心理與認知發展任務做結合，使信仰中的靈性發展能夠隨著年齡的成長，同步的長大成熟，並且表現在生活與日常行為上。比吉克的靈性發展理論，為基督宗教教育工作者與基督徒家長提供了一個簡單明瞭的依據，讓從事基督宗教教育工作的教師，有清楚的教學目標，有助於課程的設計；同時，讓從事青少年事工的輔導有具體的依歸，使他們在投入事工的同時，不容易迷失方向；另外，也讓基督徒家長在面對教養孩子時，知道如何以基督教信仰為基礎，按部就班地幫助孩子們建立健全的靈命。

　　比吉克的理論，雖然能夠滿足大部分人們在基督宗教教育與靈性發展上的需求；然而，這個靈性發展理論，是從一個以基督教為主流的文化背景下所發展出來的，所以，在台灣這樣的多元宗教文化背景中，若是有成年人或是年長的人，生平

第一次接觸到基督教，面對這些人們的信仰發展需求，比吉克的理論相對的就會有所限制；然而，在教會的教育事工或是基督徒家庭的信仰教育上，比吉克的理論仍然具有極高的參考價值和依據。

約翰‧威斯霍夫(John Westerhoff) 的「四個信仰類型」

另一位美國近代的基督宗教教育學家，約翰‧威斯霍夫(John Westerhoff)則是將信仰發展比喻為如同樹的年輪一樣，逐年向外成長，提出「四個信仰類型」的理論；茲將威斯霍夫的理論簡單整理如下頁列表(表三)。

信仰類型	信仰發展特徵
經驗到的信仰 Experienced faith	孩童經驗到主要照顧者的信仰。孩童從生活中值得相信的人們身上，學習相信並對他人、自己與神有信心。
聯合的信仰 Affiliative faith	孩童中期至晚期特有的特徵。這個信仰類型的孩童有屬於自我意識和關懷社區意識。這類型信仰的人尋求歸屬感和被一群有信心的人組成的團體來培育自己的信仰。對他們而言，在一個團體中的身份認同是至關重要的，因為那提供了一個連貫與培育的正面影響。
尋求或掙扎的信仰 Searching or struggling faith	這個類型的人通常是處在對自身信仰、家庭與所屬信仰團體有批判思考的年輕人與青年。對承諾/委身的懷疑、實驗、測試與探究是這類型的特徵。
擁有的信仰 Owned faith	這個類型的人是能夠自由的與神立約的，且會試圖將信仰融入到日常生活與行為中。這類型的人的特徵包含了擁抱自己的承諾/委身、與宗教信仰的聯合，並且樂意在話語和行為中成為見證。

表三　約翰・威斯霍夫(John Westerhoff)的四個信仰類型[13]

威斯霍夫提出的四個信仰類型與比吉克的靈性發展理論的類似之處，在於兩者皆是以發展心理學為根基，從不同年齡的心理與信仰需求出發，建構出信仰與靈性的發展理論；與比吉克的理論不同的是，威斯霍夫以不同的角度，將人類在各個時期的發展心理需求與信仰發展作一結合與思考，進而以「樹的年輪」作為其信仰發展理論的比喻，闡述在不同的人生時期，人們可能發展出的信仰類型為何，並認為信仰發展是如同年輪一般，一層一層的向外發展。威斯霍夫的四個信仰類型的理論，相較於同樣是在基督教為文化主流背景下所發展出來的比吉克的靈性發展理論，由於兩者切入思考的角度不同，威斯霍夫對人類信仰類型發展的理解，較能為身處在台灣處境下的基督徒（包括初代信徒）帶來認同與共鳴，也較容易應用於台灣的多元宗教與泛靈文化之中。

尼爾‧漢密爾頓(Neill Q. Hamilton)的「成熟基督徒的三個階段」

　　與基督宗教教育家，比吉克‧威斯霍夫不同，尼爾‧漢密爾頓(Neill Q. Hamilton)是美國近代的新約教授，他主要的研究是關於新約裡，使徒保羅隱喻中所提到的聖靈與末世論的概念。漢密爾頓認為，信仰發展的成熟度，是與「一個人的發展心理」和「身為基督徒的成熟度」這兩者有密切的關係。[14]漢密爾頓認為：心理的成熟度，指的是一個人能夠有深層的愛與有效率的工作；而基督徒的成熟度則是指一個基督徒要能夠愛神、愛鄰舍，並且能夠領受並實踐神的呼召，宣揚福音。[15]因此，漢密爾頓以新約聖經中聖靈如何保守人心的教導作為基礎，從教會牧養的論點，提出他的觀點：要成為一個成熟的基督徒，需要經歷過三個面向：成為門徒、在靈裡的轉變、以及在教會與服事中成長。[16]

面向	內容
成為門徒 Discipleship	一個人認識主,進而願意獻上生命,跟隨主並成為主的門徒。
靈裡的轉變 Transition in the Spirit	包括意識到世俗世界所呈現的假象、經驗到饒恕、建立與聖靈的親密關係並且重生,生命進而被聖靈引導。
在教會與服事中成長 Maturing in church and mission	需要投入在教會的服事中,接納並享受基督徒的團體生活。

表四 尼爾‧漢密爾頓(Neill Q. Hamilton)的「成熟基督徒的三個階段」[17]

因為漢密爾頓是一位研究新約的學者，其理論跳脫了傳統的發展心理學觀點，從教會牧養作為出發點，以新約聖經作為基礎、人與聖靈的關係作為思考的中心。他所提出的理論，對應到台灣基督徒的處境，對於投入在宣教事工的牧者、神職人員或基督徒來說，帶來了厚實的新約聖經神學基礎，也為青少年或是成年人的宣教事工，提供了極具參考價值的觀點。然而，美中不足的是：由於漢密爾頓的思考主要注重在對新約經文的詮釋，以及所引申出來的神學和信仰觀點，使得他所提出的理論內容，著眼於神學的思考與反思，缺少了讓人們能夠具體可施行的相關教育步驟或理念。一個非信徒要如何能夠認識主，進而成為主的門徒？一個基督徒要如何從日常信仰生活中，按部就班的建立與聖靈的親密關係？當基督徒在投入教會的事工之後，要如何面對教會處境中的負面經驗，能夠不被影響與打擊？諸如此類的問題，就無法在漢密爾頓的理論中找到

可以按部就班、實際操作的方法。儘管如此，漢密爾頓的理論仍為台灣處境下的基督宗教教育，提供了兼具神學與聖經基礎的參考依據。

小結

　　這一個章節以很精簡的方式，介紹了五個關於靈性發展與靈命成長的理論，其中包含了詹姆斯‧福勒(James Fowler)的「信仰的階段」，詹姆斯‧羅德(James E. Loder)的「靈的邏輯」，露絲‧比吉克(Ruth Beechick)的「靈性發展理論」，約翰‧威斯霍夫(John Westerhoff)的「四個信仰類型」，以及尼爾‧漢密爾頓(Neill Q. Hamilton)的「成熟基督徒的三個階段」。從這五個理論中不難發現：在這個章節中所提到的靈命成長理論，都是與人類的心理發展一起思考，由此可知，發展心理學為靈命成長理論提供了一個很重要的基礎，見下圖（圖二）。

圖二　以基督教為主流的西方國家所發展的屬靈成長理論

　　然而，發展心理學所能提供的，也僅是一個參考值。一方面是因為早年的發展心理學研究，大部分都注重在幼兒與孩童的時期，因為幼兒與孩童沒有經過複雜的社會化過程，心理狀態比較單純，容易取得可信的研究成果；直到近代，特別是在人口高齡化的國家，人們才開始重視成年人與年長者的心理發展研究；因此，傳統的發展心理學研究，無法完整的提供靈命成長理論所需要的各種資訊；另一方面，影響一個人的心理發展因素，不是只有年齡，另外還包括了性別、性格、家庭與文化背景、學習與社交體驗、以及個人的生命經驗……等等；而一個人的心理發展狀態，也不是單純的線性發展與不可逆的，一個人的心理狀態會有許多不同的面向，並且伴隨著不同的成熟度，往往需要經過繁複的思維與分析才能瞭解。舉例來說，一個卅歲的人，可能在工作及社交面上，擁有卅歲（甚至超過）的成熟度，卻可能在情感面上，停留在廿歲（或者更年輕）的

狀態，這可能是因為，此人的求學與工作過程，一路順遂，少有受挫的經驗，或是因為經常面對受挫經驗而找到因應之道；然而，因為都專注在學業與工作，使得這個人並沒有豐富的情感經歷，缺乏面對情感上各樣問題時的處理經驗，因此，沒有機會發展在情感面向的成熟度，導致面對情感的挫折時，所表現出來的心理狀態，就有如廿歲，甚或是青少年一般，與實際的生理年齡不符。

　　台灣與基督教信仰為主流文化的國家不同，在如此多元宗教與泛靈文化充斥的處境中，靈命成長的起始點，是有可能發生在任何年齡的；因此，若是如上圖二，將靈命成長與心理發展，併排在一起，作循序漸進的思考，雖然能夠為基督宗教教育事工的課程設計，提供很好的基礎；然而，在面對台灣處境中各個年齡層不同程度的屬靈需求，仍顯不足。身處在台灣處境的基督宗教教育工作者，所需要思考的是：如何能夠針對

不同年齡的未信者或初信者，提供靈命成長過程的發展依據
以及滿足其靈命成熟的需求，因此，筆者提出在台灣處境中所
需發展的屬靈成長理論，如下圖所示（見圖三）。

圖三　台灣處境中所需發展的屬靈成長理論

考量本章節中所介紹的靈命成長理論，可以應用在台灣處境中的方式是：將羅德的「靈的邏輯」，作為幫助幼兒靈命成長的參考，因為羅德的理論雖然較為抽象深奧，卻是眾多學者中，特別關注嬰幼兒靈命發展的發展心理學家。孩童與青少年的靈命成長，則能夠參考福勒「信仰的階段」與比吉克「靈性發展理論」，雖然這兩位學者的理論都有談論到成年人的階段，然而大部分的理論重點，仍在幼童與青少年，因此有極高的參考價值。而成年人（包含青壯年與老年）的靈命成長理論，則可以參照威斯霍夫「四個信仰類型」，還有漢密爾頓「成熟基督徒的三個階段」。威斯霍夫「四個信仰類型」是以傳統的發展心理學作為理論的基礎，而漢密爾頓「成熟基督徒的三個階段」則是單純地從個人的靈命成長作為其理論的依據。台灣擁有多元，且非基督教主流的宗教環境，因此，基督宗教教育工作者在面對成年後才接觸到基督教信仰，以及先前有過其他宗教

信仰經驗的人們的時候，若是能將這兩個理論交互應用，在面對人們不同的屬靈需求時，就能有足夠的空間與彈性，給予適切的教導與協助。

本章節所提及的靈命成長理論在靈性教育中的應用，將在本套書的最後一本書中再做詳細的討論與介紹；茲將上述可應用在各個年齡層的靈命成長理論參考書籍，以延伸閱讀的方式列於後方，由於各學者的其他著作，以及二手相關的研究與書籍繁多，為避免因太多資訊而無從下手，此書單僅列出各個理論的代表著作。

延伸閱讀

嬰幼兒的靈命成長—

Loder, James E. *The Logic of the Spirit: Human Development in Theological Perspective*. San Francisco, CA: Jossey-Bass, 1998.

——. *Educational Ministry in the Logic of the Spirit*. Edited by Dana R. Wright. Eugene, OR: Cascade Books, 2018.

孩童與青少年的靈命成長—

Fowler, James W. *Stages of Faith: The Psychology of Human Development and the Quest for Meaning*. New York, NY: Harper Collins, 1995.

Beechick, Ruth. *Teaching Juniors: Both Heart and Head*. Denver, CO: Accent Books, 1981.

成年人（青壯年與年長者）的靈命成長—

Westerhoff III, John H. *Will Our Children Have Faith?* New York, NY: Seabury Press, 1976.

——. *Bringing Up Children in the Christian Faith*. Minneapolis, MN: Winston Press, 1980.

Hamilton, Neill Q. *Maturing in the Christian Life: A Pastor's Guide*. Philadelphia, PA: Geneva Press, 1984.

4 James W. Fowler, *Stages of Faith: The Psychology of Human Development and the Quest for Meaning* (New York, NY: Harper Collins, 1995), 39, 90, 98.

5 Fowler, *Stages of Faith*, 272-276.

6 Fowler, *Stages of Faith*, 117-210.

7 Fowler, *Stages of Faith*, 272.

8 整理自：Fowler, *Stages of Faith*, 117-210.

9 James Loder, *Transforming Moment*, 2nd ed. (Colorado Springs, CO: Helmers & Howard,1989), 103.

10 James Loder, *The Logic of the Spirit: Human Development in Theological Perspective* (San Francisco, CA: Jossey-Bass, 1998), 145.

11 Ruth Beechick, *Teaching Juniors: Both Heart and Head* (Denver, CO: Accent Books, 1981), 24-25.

12 Robert W. Pazmino, *Foundational Issues in Christian Education: An Introduction in Evangelical Perspective*, 3rd ed. (Grand Rapids, MI: Baker Academic, 2008), 216-7.

13 Pazmino, *Foundational Issues in Christian Education*, 218.

14 Pazmino, *Foundational Issues in Christian Education*, 219.

15 Neill Q. Hamilton, *Maturing in the Christian Life: A Pastor's Guide* (Philadelphia, PA: Geneva Press, 1984), 148.

16 Hamilton, *Maturing in the Christian Life*, 148.

17 Hamilton, *Maturing in the Christian Life*, 148-152.

當我們回想求學或求知過程中所遇到的好老師，不難發現，他們都具備了各種不同的特質：風趣幽默、因材施教、鼓勵代替責備、實質的關懷......等等；不過，在這些個人風格之外，好老師有一個很重要的共同特質就是：他們對於教授的內容所流露出的熱情，足以使他們的全人投入在其中，也引導受教者進入他們的教導中。他們的授課，就是他們自身的生命與熱情所在的呈現！因此，一個宗教教育工作者，若要幫助人們的靈命有所成長，就必須先豐富自身的內在生命，才能夠帶出教學的熱情，成就靈性教育的目的。

CHAPTER 2

教師的「所是」與「所教」

教師的「所是」— 自身的靈命

　　宗教教育工作者自身的靈命，指的就是教師的內在生命，
在教師的教學中具有舉足輕重的角色。一個人靈命的成長，除
了前述的屬靈成長相關理論之外，關於加深內在生命的深度，
美國的兩位宗教教育學者，瑪莉亞·哈里斯（Maria Harries），以及
加百列·莫蘭（Gabriel Moran）基於他們多年的研究與教學經驗，
共同提出了三個加深內在生命深度的方式：靜默、聆聽、安息
（見表五），並認為：這三個方式能夠為人們帶來靈性的形成與
轉化。[18]

靜默 (Silence)	當我們尋求內在生命的養分時，我們需要學習到「靜默」所帶來的教導與形塑的能力。我們需要練習專注在我們內在的中心，並且等候「真光」的降臨，在與他人和至聖者的同在中，我們尋求那造物主放在我們生命中心的恩典。在靜默中，我們學習將所有會讓我們分心的事物與噪音／雜音放在一旁，等候「光照靜默 sunlit silence」的時刻，就是一種：在安靜中，停止思考我們所有已知的，讓未知的顯現，使我們能夠與神會遇；就好像海綿浸泡在水中一樣，我們也浸潤在神的光照之中。
聆聽 (Listening)	靜默最主要的原因，就是為了要「聆聽」。聆聽我們內在的聲音，作為我們回應外在生活的依據。這樣的內在聲音，要我們專注在：智慧之聲、世界中的痛苦之聲，以及重新得力的創造之聲。就如彌迦書中所說的： 「世人哪，耶和華已指示你何為善。他向你所要的是什麼呢？只要你行公義，好憐憫，存謙卑的心，與你的神同行。」彌迦書六8 當我們的聆聽不只在個別的，進而也在團體的，像是一個禱告會，或是每週的聚集敬拜，我們就能期待那屬天的智慧，不會只出現在聖經的經文之中，也會出現在我們親近的人們的口中，這些人可能是孩子、朋友，或是我們的輔導／靈性導師！
安息 (Sabbath)	當我們將內在生命的形式與猶太傳統作連結時，「安息」成為內在生命教育的最後要素。安息，在兩千多年的猶太與基督宗教傳統中，保留了內在生命發展所需的，最至關重要的部分；也是為什麼「安息」會被包括在十誡之中： 「當記念安息日，守為聖日。六日要勞碌做你一切的工，但第七日是向耶和華－你神當守的安息日。這一日你和你的兒女、僕婢、牲畜，並你城裡寄居的客旅，無論何工都不可作；因為六日之內，耶和華造天、地、海，和其中的萬物，第七日便安息，所以耶和華賜福與安息日，定為聖日。」出埃及記廿8-11 「安息」不只是對人，它對每個受造物都是同樣重要的；因為神不是工作狂，因此，神所創造的世界，也不會是一個永無止盡在生產的世界！世上萬物都需要休養生息，同樣的，神的子民也需要休息，就像神一樣。

表五 豐富內在生命深度的三個方式[19]

哈里斯與莫蘭提出加深內在生命的第一個方式是「靜默」，要學會靜默的方式不在於「談論」它，而是實際的操練。從操練靜默的過程中，我們可以學會將心中雜念放下，讓我們進入一個不同於平常的安靜時刻，等待感受神聖存在時刻的到來；一旦我們能夠進入那神聖美好的安靜時光，與神會遇的每個時刻，都會像是如沐春風般的享受在其中，進而加深我們的內在生命，與神的同在相呼應，並帶下愛和平安。哈里斯與莫蘭提到的第二個方式是「聆聽」，這是一個與「靜默」相呼應的方式。這裡所談的聆聽，不是只有去聽見那外在聽得見的聲音，而是更進一步的去聆聽內在的聲音，其中可能會有：刻意忽略的逆耳忠言、人們無處呼求的痛苦吶喊，還有那源自愛我們的神所發出的，為要幫助我們能夠重新得到力量前行的愛與鼓勵之聲。在聆聽的過程中，我們學會更體貼人們的軟弱與不足，更進一步地加深我們內在的生命，帶來溫暖與能力。加深內在生命的

最後一個方式，也是猶太與基督教傳統中時常強調的「安息」，這裡的安息指的是將手中的工作都放下，來到神的面前，好好的休息。神起初在創造世界時，用了六日創造世界，在第七日安息；因此，在「十誡」之中，也特別指出了要神的子民向神遵守安息日，因為連創造萬物的神都需要休息，被神所創造出來的人類更需要休養生息。在這個「安息」的過程中，我們得以放下一切，單單享受神所創造的一切，讓我們的心有機會可以從忙亂的生活步調中，重新調整好，讓一切的紛亂有了終止，幫助我們不會成為工作狂。「安息」幫助我們可以再次的回到神的面前，停下來審視自己的內在，而非一昧的照著世界所要求的速度前進，而是讓我們回想起神的步調，並將自身的速度調整好，再繼續前行；「安息」使我們謙卑下來，讓我們有機會審視與關懷我們的內在生命。哈里斯與莫蘭所提出加深內在生命的這三個方式，雖然並不詳盡，但是這三個方式對於一個人

的靈命形成與轉化扮演了至關重要的輔助角色！對於教師來說，關注自身的內在是不可缺少的，透過加深內在生命的過程中，了解人性的堅強與軟弱。教師內在生命的深度決定了其教學的高度！

　　以基督宗教教育為例，要成為一個享受在「教師」這個角色的基督宗教教育工作者，除了有深度的靈命、專業的知識、教學的熱情之外，更需要清楚明白：成為教師是一份來自上帝的呼召—教師的呼召。帕茲米諾提出了三個屬於基督宗教教育工作者特有的，教師的呼召：[20]

1. 教師是受呼召來照顧來自各種不同背景與擁有各樣經驗的人們的。

2. 教師是受呼召來考量他們所分享的內容，賦予學生生命中的轉化潛力。

3. 教師是受呼召來思考學生所處的處境，包括他們的團體與社會，使世界能夠反映出神對所有創造物的愛。

　　從帕茲米諾所提出的三個教師的呼召中，不難看出：身為一個基督宗教教育工作者，除了傳遞聖經的相關知識，也需要關注於人們的各個面向，特別是靈命的養成，也就是如何在各自的處境中，建立對神話語的理解以及與神的關係。而這當中所提到的「靈命的養成」，同時也包含了教師自身的靈命，因為「教學」就是教師自身熱情所在的呈現，同時也反映出了教師自身的內在光景。這就呼應了巴默爾提到的：一個基督宗教教育工作者的教學若要有所改變，就要從自身內心的轉化開始。[21]因此，教師的「所是」，決定了教師的「所教」！

教師的所教—課程的呈現

「教育不僅是認知的過程而已，不僅是將事理傳授給學生而已。教育是全人投入的事，既然是全人投入，一個人深處的感情自然不會置之事外。」[22] —巴默爾

課程設計的比喻

　　教學是教師全心全人的投入，而一位稱職的教師，除了要有教學的熱忱和內在生命的深度之外，還要能夠設計使教學內容有最好呈現效果的課程。美國哥倫比亞大學出身的教育學家，赫爾伯特·克利巴德(Herbert M. Kliebard)提出一個具有洞見的比喻來形容課程設計，他用「產品」、「成長」與「旅行」三個面向來呈現設計課程的方式，其內容簡單整理呈現如下表(表六)[23]：

比喻	產品	旅行	成長
強調重點	教師導向 （教學以教師為中心）	互動導向 （教師與學生同為教學中心）	學生導向 （教學以學生為中心）
教學觀點	以「科學」的角度，將學生視為欲製成商品的原料	兼具「科學」與「藝術」的看法，教學就像一趟旅程，而教師在其中扮演了導遊與遊伴的角色，與學生一同旅行。	以「藝術」的思維，認為學生就如植物，而教學現場如同溫室一般，提供學生成長所需的環境。

表六　赫爾伯特·克利巴德 (Herbert M. Kliebard) 的課程設計比喻

「產品 Production」的課程比喻

　　由上表可知，課程設計所呈現的，不只是教師所要強調的重點與教學的觀點，同時也反映了一位教師的教育哲學觀。傳統的課程設計，通常是以「教師導向」作為教學的重點，因為這樣的教學方式，是以教師為教學的中心，可以說是最有效率的課程設計，因為這樣可以使多數的學生，在短時間內獲得大量的知識；因此，克利巴德將此種課程設計比喻為「產品」—在這樣的課程設計下所教出來的學生，就像是工廠所出產的產品一樣，所學習到的，都是相同的內容，這類型的課程設計，常常出現在基礎的教育場域，或是需要短時間教導大量知識的情況；近代的巴西成人教育及解放神學家，弗萊勒(Paulo Freire)所批判的囤積式教育(banking education)，就像是這類型的課程設計。這樣的課程設計，雖然能夠在短時間內，灌輸大量的知識給學生，卻沒有辦法激發學生的創造力，因為學生所有的注意

力，都會集中在記憶知識，老師教的是什麼，學生就照本宣科的記住，這其中沒有太多空間容許學生有不同的想法，同時也無法兼顧到少數有特殊學習需求的學生，這是此種課程設計方式，最為人詬病之處。儘管如此，這樣的課程設計所具有的「可以在短時間之內教授大量知識」的特色，是其他課程設計方式無法擁有的；也因此現今仍然會看到這類型的課程設計出現在主流的教育環境中！

「成長 Growth」的課程比喻

另一種課程設計的方式，則是完全以「學生」作為教學的中心，「學生」就是整個課程中的主角；而教師在這樣的課程設計中，所扮演的角色是「輔助者」，是視學生的學習需要，提供自身所學，一個配合的角色，因此，克利巴德使用「成長」作為此類課程設計的比喻！以「學生」為導向的課程設計，教師就像是

園丁一樣，學生則是花園中的各類植物，園丁需要依據不同植物的生長需求，去調整其照料的方式。這樣的教學模式常見於運動、健身、藝術(繪畫、音樂)……等方面的教學，因為這些領域的學習，除了知識與技巧之外，還需要視學生實際的能力所及與學習效果來調整教學。選擇用這樣的方式設計課程時，教師需要創造一個適合學生學習的環境，幫助學生能夠透過量身訂做的課程設計，而有所學習與成長！這樣的課程設計，沒有特定的教學方法或教學時程，因為這需要視個別學生的差異而定，所以，教學效率不是這類型課程設計所思考的重點，因為每一個學生的狀況都不同，自然也沒有辦法要求每一個學生，在課程中所學到的內容都會是相同的，當然也就無法期待學生完成課程後的程度會是一樣的。這類型的課程設計，教師必須要累積相當的教學經驗，並且相對要有較大的包容力，才能看見學生的不足與需要，並及時地給予適當的幫助與教導。

「旅行 Travel」的課程比喻

克利巴德用「旅行」作為比喻的課程設計，指的是不再單獨以學生，或教師作為課程設計的中心，因為這類型的課程設計概念是互動導向的；也就是說，一堂課就像是一趟旅行，教師擔任了一位有經驗的導遊，以及遊伴的角色，學生則是透過老師所安排設計的旅程（即課程）去感受與探索。每位學生在這趟旅程中，因為個體的差異，所看見的與所感受到的，皆不盡相同；學生在教師精心規劃好的旅程中，與不同的元素接觸、刺激，進而帶出不同的互動經驗，透過這樣的互動模式，教師跟學生就像是一同經歷了一場特別的旅行，而有所收穫與啟發！這樣「旅行」式的課程設計方式，教師的事前預備工作或是教學實力，就變得相當重要，因為整個課程必須是一趟精心規劃的旅程，學生是透過這趟旅程在學習，而且每個學生所學習到的，會因著所關注的部分不同而有所差異；因此，「互動」導

向式的課程設計，能夠包容個別的差異性，並予以尊重；相對的，教師的預備工作就是這類型課程設計很重要的一環。舉例來說，在高等教育的研討課程之中，在教師所提供的學習範圍內，學生們透過探索與討論，和教師們激盪出不同的想法，一起完成一趟探究之旅！這趟旅程中，教師決定了要前往的方向，學生們加入後，就其所見、所知提出看法；教師則扮演了導遊的角色，在過程中向學生解說緣由，並且引導學生朝可行的方向前進，使整堂課程成為一趟令每個人都投入，又印象深刻的旅程！

簡而言之，以「教師」為導向的課程設計，常見於基礎教育的體制中，主要的教學目的在於使許多學生在短時間之內，獲得大量同樣的知識；而以「學生」為導向的課程設計，則常常出現在與運動或是藝術有關的個人課程中，主要是要幫助學生學習並發揮學生所擅長的，加強比較不拿手的部分；第三個以

教師與學生「互動」作為導向的課程設計，則是將教師與學生放在相同的地位，透過課程教學中的互動，教師為學生提供了所需學習的內容，而學生從所學的內容，反饋給教師，使雙方都得到收穫與啟發。

以上這三種課程設計方式，為教師在安排設計課程時，提供了很好的參考與依據，也使教師能夠視實際教學的需要融合個人的教學風格，靈活運用三種課程設計在其教學之中，關於這三種課程設計方式的單堂課程設計範例，可參考此書最後的附錄。

課程設計的考量

　　另一個在課程設計上，值得教師關注的觀念，是帕茲米諾所提出的三個有關課程學的考量。他認為，在一個課程中，包含了明確的課程、隱藏的課程，以及無的課程。[24] 簡單介紹如下：

◆明確的課程 explicit curriculum

在三個課程學考量中,「明確的課程」是最明顯且易懂的部分,指的就是:課程必須與理解、態度、技巧與行為有關的價值觀做結合,加以選擇與設計後,教導學生。簡單來說,明確的課程就是:教師根據各種價值觀所設計出來的課程。以基督宗教教育為例,基督宗教教育者所設計的課程中,「明確的課程」包括:[25]

1. 使基督徒擁有並活出他們所信奉的價值觀。

2. 將「幫助基督徒活出他們所信奉的價值觀」轉化成為課程的目的與目標。

3. 幫助基督徒在日常生活中,面對他們所處的社群團體(包括家庭、學校、教會、社會……等),能夠追求與實踐所信奉的價值觀。

4. 時常再確認基本需求與教學目的,並將之更新在課程之中。

◆ 隱藏的課程 hidden curriculum

巴默爾在他的書中曾經提到：在學校除了教導課程中的知識，同時，也教導了「隱藏的課程」；舉例來說，學校的環境中，如何給予獎賞與懲罰的方式，就決定了教學過程中，所包含的「隱藏的課程」，若是在學校教育中，使用了以競爭作為教育的方式，那麼學生們學到的就是互相比較與彼此爭競，而非合作！[26]近代的美國基督宗教教育學者，勞倫斯·李察斯（Lawrence O. Richards）認為：「隱藏的課程」是基督宗教教育中，具有最強大的教育影響力的。[27]帕茲米諾則提出了「隱藏的課程」的三個面向：[28]

1. 隱藏的課程可以指任何教育背景，包括師生互動、課堂結構，或是建立教育系統的機構，即一個社會價值結構的縮影。

2. 隱藏的課程可以承擔學校、教會或家庭運作的過程，這個過程包括：獲得價值的過程、社會化的過程與社會結構維持

的過程。

3. 隱藏的課程可以包含不同程度的意圖和不同深度的「隱藏性」，可以是課程中偶發或意外產生的「副產品」，或是在不同的社群團體的教育中，帶入具有歷史性及社會性的功能。

◆ 無的課程 null curriculum

根據美國近代教育界傑出的學術思想家，艾略特・艾斯納(Elliot W. Eisner)的描述：所謂「無的課程」就是在課堂上：沒有被教導的東西。[29] 由於學生的所知有限，教師在選擇施教內容上，就會因此而受到限制與影響，課程中也就因而產生：有教導的部分與沒有教導的部分，其中沒有教導的部分，就是「無的課程」。另一位教育學者，哈里斯則認為「無的課程」是：一個似非而是的悖論，「無的課程」之所以存在，就是因為它在課堂上是不存在的，是課堂上沒有教的部分。「無的課程」起因於學生的所知有限，而需要涵蓋它的目的是因為：納入「無的課程」

則能夠有助於平衡教師的觀點，或是幫助教師去增加可選擇的替代方案或選項。[30]艾斯納也同樣地強調：沒有教導的部分，與課堂上有教導的部分是同樣重要的。[31]

　　換句話說，「無的課程」就是沒有教到的課程！教師不可能在課堂中，囊括所有的內容，因此，教師在設計課程時，就必須選擇所要教授的內容，再安排設計出最適合學生的課程。然而，教師也需要將沒有教導的部分，放入未來課程設計的計畫與想法之中。帕茲米諾認為：「無的課程」為現存的課程，提供了一個基本的判別標準，也為未來的課程，提供了豐富多元的可能性。[32]

　　簡單來說，帕茲米諾所提出的三個有關課程學的考量中，最清楚且容易明白的就是：明確的課程，其重點在於課程內容，就是學生可以明確了解的學習內容；另一個課程學的考量—隱藏的課程，則是隱含於課程之中，學生不容易察覺，卻

會受到影響，指的是在無形中被潛移默化的部分，而這個部分會因教師的個人風格與所重視的部分不同，或課堂上所發生的突發事件而有所差異；三個課程學的考量之中，最不容易說明的是，無的課程，因為它指的是，在課程中，因受限於學生的所知，而無法/沒有被教導的部分，其重要性不亞於明確的課程與隱藏的課程，而它的存在可以做為未來課程設計的方向參考。三個課程學考量的關係如下頁圖表（見圖四）。

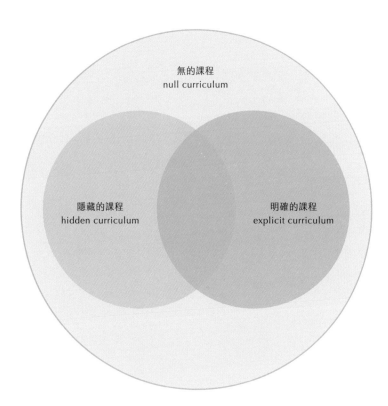

圖四 帕茲米諾的三個課程學的考量[33]

小結

　　在這一章節中，先從教師的內在談起並介紹了三個加深內在生命深度的方式：靜默、聆聽、安息，這是兩位基督宗教教育學者，哈里斯與莫蘭，根據多年的教學研究所提出來的，他們認為這三種方式能夠為人們的靈性帶來轉化與成長；其他關於幫助教師內在生命成長的方法，將在談論教師與學生的章節中，會有更詳盡的介紹。在基督宗教教育的範疇之中，教師除了內在生命的成長之外，更需要有呼召，這樣的呼召能為教師帶來使命感，也更能夠帶出具有影響力的基督宗教教育；帕茲米諾所提出的：身為基督宗教教育教師的呼召，則是一個參照指標，提醒我們一同去思考身為基督教教師這個職份的價值所在。

　　這一章節的第二部分，重點放在課程設計的部分。克利巴德以三個比喻來解釋課程設計的方式：產品、成長與旅行；分別代表了以教師、學生和互動導向的課程設計。這三個比喻涵

蓋了目前課程設計的可能性(不管是在實體課程或是網路課程)，教師在課程設計的理念，能夠為教學定調，同時也決定了學生學習的果效。最後，以帕茲米諾提出的三個有關課程學的考量，作為本章節探討課程設計的提醒。教師不但需要明瞭所教為何(即明確的課程)，也需要明瞭所有在課堂上發生的情況以及教師的應對，同樣也富有教育意涵(即隱藏的課程)，而課堂上因受限於學生所知而沒有教導的部分(即無的課程)，則是為未來的課程設計提供了參考的方向！不同的課程設計方式與課程學的考量，其實都是在增加教師教學的敏感度，提升教學的品質，讓教導與學習是充滿生機、生意盎然的，而非照本宣科、死氣沈沈的，讓人一上課就只想下課的不堪情況！

　　教師的「所是」與「所教」，其實是有著密不可分的關係，因為教師的「所是」，會帶出教學的風格與質量，也決定了教師的「所教」。能夠身為教師，對學生所產生的影響力，絕不是只在

眼睛所能看見的，同時也在心中所感受到的；在一次又一次的教學中，累積並內化在學生的心中，這不僅是權力，更是責任！

18 Maria Harris and Gabriel Moran, "Education Persons" in *Mapping Christian Education: Approaches to Congregational Learning*, ed. Jack L. Seymour (Nashville, TN: Abingdon Press, 1997), 63.

19 整理自：Harris and Moran, "Education Persons", 63-65.

20 Pazmino, *Foundational Issues in Christian Education*, 233.

21 巴默爾，未來在等待的教育，頁 151; Palmer, *To Know as We Are Known*, 107.

22 巴默爾，未來在等待的教育，頁 161-162; Palmer, *To Know as We Are Known*, 107.

23 Herbert M. Kliebard, "The Metaphorical Roots of Curriculum Design" in *Curriculum Theorizing: The Reconceptualists*, ed. William Pinar (Berkeley, CA: McCutchan, 1975), 84-85.

24 Pazmino, *Foundational Issues in Christian Education*, 243-248.

25 Pazmino, *Foundational Issues in Christian Education*, 243-244.

26 巴默爾，未來在等待的教育，頁 34; Palmer, *To Know as We Are Known*, 20.

27 Lawrence O. Richards, *A Theology of Christian Education* (Grand Rapids, MI: Zondervan, 1975), 321.

28 Pazmino, *Foundational Issues in Christian Education*, 245.

29 Elliot W. Eisner, *The Educational Imagination: On the Design and Education of School Programs*, 2nd ed. (New York, NY: Macmillan, 1985), 97. See also Pazmino, *Foundational Issues in Christian Education*, 247.

30 Maria Harris, *Fashion Me a People: Curriculum in the Church* (Louisville, KY: Westminster John Knox, 1989), 69.

31 Eisner, *The Educational Imagination*, 87-107. See also Pazmino, *Foundational Issues in Christian Education*, 247.

32 Pazmino, *Foundational Issues in Christian Education*, 248.

33 此圖的呈現靈感來自呂俊信 Jimmy Lu，由孫紹軒 Johnny Sun 繪圖。

結語
CONCLUSION

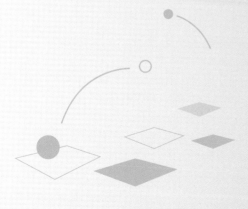

基督宗教教育就是靈性教育

　　以基督宗教為例，所有在從事基督宗教教育的教育工作者，所需要思考的，不應該只是停留在「如何幫助受教者對聖經更熟悉，對神學有深層的思考」這樣的知識層面，基督宗教教育所關注的，更包括了個人與群體的靈命發展。宗教教育學家保羅‧維思（Paul H. Vieth）所提出的七個基督宗教教育的目標，給了所有基督宗教教育者一個很好的參考指標：[32]

1. 在人們的各樣經驗中培養對神真實的理解，以及透過耶穌基督，培養與神的個人關係。

2. 發展對人格特質、生活與耶穌教導的理解與欣賞，帶領人們經驗：神就是救主，並且願意在日常生活中忠實且順服地跟隨主。

3. 透過聖靈的工作，幫助學生認真且持續的發展與建立在他們身上的基督特質。

4. 尋求發展福音的屬靈精神與社會工作，積極參與和回應，使人們即使是身處在世界中，卻不會隨波逐流。

5. 幫助學生發展「積極參與基督徒家庭以及教會」的能力與性情。

6. 鼓勵學生發展符合個人處境的基督徒世界觀。

7.教育基督徒，如聖經所記載的，全心尋求神，就是那位信
　仰與人生的全能導師。

　　基督宗教教育是一個潛移默化的過程，能夠使人有更多
的機會思考神對人們的心意，並付諸行動。從維思所提出的目
標中，不難發現，基督宗教教育可以是：幫助各個年齡層的受
教者，從建立個人與神的關係開始，再將基督宗教教育目標，
導向至個人與群體的關係，透過個人與群體相處與融合的過
程，繼續加深個人對基督宗教信仰各個面向的理解與體會，進
而活出帶有基督宗教信仰精神的生命，相互產生影響。基督宗
教教育中，針對不同年齡層所發展出來的靈命成長理論，便是
最好的呈現；而其中，教師的所是與所教，則決定了基督宗教
教育的品質。一位教師是無法教導其自身沒有學過，或是體會
過的一切；因此，基督宗教教育工作者需要先體會到自身「內
在靈命」的成長，才能幫助人們形塑靈命，這是身為基督宗教
教育工作者的一個很重要的先決條件！另外，再加上領受到的

呼召，帶著使命感，投入在教學中，並且與受教者一同學習與經歷，進而帶出彼此靈命的成長，這是一個教與學的歷程，也是形塑靈命的過程。

如前所述，基督宗教教育的過程，其實是一個內在靈命形塑的過程；基督宗教教育所關注的對象，包括了初生的嬰兒、孩童、青少年、青壯年，以及年長者；以台灣的處境來說，基督宗教教育會面對到的對象，還包括了對基督宗教有興趣的慕道友、初信者、平信徒，以及信主多年或是熱忱投入福音工作的基督徒。基督宗教教育的終極目的，就是幫助所有的人們，能夠明白神的話語，並經驗到「神的愛」的存在，將信仰與生活連結，幫助人們建立與神的關係，並享受在其中，建立成熟的內在與外在的生命，造就與神、與自身、以及與他人的和諧關係。這一連串的過程，就是靈性形成、靈命成長的歷程。基督宗教教育是關乎全靈、全人的，是靈性的教育！

---

[32] Pazmino, *Foundational Issues in Christian Education*, 108-109. 此為美國近代的基督宗教教育學家羅伯特‧帕茲米諾 (Robert W. Pazmino)在《《基督教教育的基礎議題》》一中，引用經典的宗教教育學家保羅‧維思(Paul H. Vieth)所提出的七個基督宗教教育的目標。

Index 索引

Bibliography 參考書目

中文 Mandarin

巴默爾(Parker J. Palmer)，<<教學的勇氣－探索生命的內在視界>>，藍雲、陳世佳譯，台北：心理出版社，2009。

巴默爾(Parker J. Palmer)，<<未來在等待的教育－從創造生命的空間開始>>，宋偉航譯，台北：校園書房，2015。

英文 English

Beechick, Ruth. *Teaching Juniors: Both Heart and Head*. Denver, CO: Accent Books, 1981.

Eisner, Elliot W. *The Educational Imagination: On the Design and Education of School Programs*. 2nd ed. New York, NY: Macmillan, 1985.

Kliebard, Herbert M. "The Metaphorical Roots of Curriculum Design" in *Curriculum Theorizing: The Reconceptualists*. edited by William Pinar, 84-85. Berkeley, CA: McCutchan, 1975.

Livsey, Rachel C., in collaboration with Parker J. Palmer. *The Courage to Teach: A Guide for Reflection and Renewal*. San Francisco, CA: Jossey-Bass, 1999.

Loder, James. *Transforming Moment*. 2nd ed. Colorado Springs, CO: Helmers & Howard,1989.

—. *The Logic of the Spirit: Human Development in Theological Perspective*. San Francisco, CA: Jossey-Bass, 1998.

—. *Educational Ministry in the Logic of the Spirit*. Edited by Dana R. Wright. Eugene, OR: Cascade Books, 2018.

Fowler, James W. *Stages of Faith: The Psychology of Human Development and the Quest for Meaning*. New York, NY: Harper Collins, 1995.

Freire, Paulo. *Pedagogy of the Oppressed*. Translated by Myra Bergman Ramos. 1970. Reprint. New York, NY: Seabury Press, 1974.

Hamilton, Neill Q. *Maturing in the Christian Life: A Pastor's Guide*. Philadelphia, PA: Geneva Press, 1984.

Harris, Maria. *Teaching and Religious Imagination: An Essay in The Theology of Teaching*. San Francisco, CA: Harper & Row, 1987.

Harris, Maria. *Fashion Me a People: Curriculum in the Church*. Louisville, KY: Westminster John Knox, 1989.

—. and Gabriel Moran, 'Education Persons' in *Mapping Christian Education: Approaches to Congregational Learning.* edited by Jack L. Seymour, 58-73. Nashville, TN: Abingdon Press, 1997.

Palmer, Parker J. *To Know as We Are Known: Education as A Spiritual Journey.* San Francisco, CA: Harper & Row, 1993.

Pazmino, Robert W. *Foundational Issues in Christian Education: An Introduction in Evangelical Perspective.* 3rd ed. Grand Rapids, MI: Baker Academic, 2008.

Richards, Lawrence O. *A Theology of Christian Education.* Grand Rapids, MI: Zondervan, 1975.

Westerhoff III, John H. *Will Our Children Have Faith?* New York, NY: Seabury Press, 1976.

—. *Bringing Up Children in the Christian Faith.* Minneapolis, MN: Winston Press, 1980.

附錄一、靈性教育單堂課程範例
APPENDIX 1

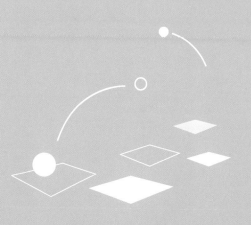

靈性教育單堂課程範例

關於課程設計方式的靈性教育教案範例,是以「愛」作為中心思想,針對不同年齡的身心靈需求,與不同的主題相對應,搭配適合的應用教材之後,所設計而成的。

以簡單的表格呈現教案範例內容如下:

教案範例	一	二	三
課程名稱	誰最特別?	Magic Love	縮小人生
教學對象	6-10歲學齡期幼童	青少年(11-16歲)	成年人(25-45歲)
教學主題	愛與自我認同	愛與愛情	愛與人生
課程設計方式	產品、成長	成長、旅行	旅行
應用教材	繪本<<你很特別>>	桌遊:愛情紅配綠	電影-縮小人生

每個單堂課程的教案範例中，都包含了以下部分：

◆ 主題／課程名稱

◆ 教學對象

◆ 教學／課程目標

◆ 課程設計方式

◆ 教師課前預備

　◦教學對象的身心靈發展特徵與需求

　◦主題探討(內容包括教課時可以用到的文字資料)

　　· 主題探討內文

　　　參考書籍或延伸閱讀資料

　　　教師備課心得紀錄／思考問題

　　　(教師可利用此處提供的問題，思考主題內容。
　　　在思考問題的下方，有預留空白筆記，教師可在此處寫下備課時的
　　　心得與想法)

◆ 課程程序(以表格方式呈現)

◆ 課程說明(以文字說明方式呈現)

教案範例一

◆ 主題／課程名稱：誰最特別？

◆ 教學對象：6-10歲學齡期幼童(20位以內)

◆ 教學／課程目標：

　‧帶領孩子們了解基督教信仰中，以「愛」為出發點，看待「自我認同」的議題

　‧建立孩子們面對讚美與批評時，需要具有的健康觀念與心態

　‧培養孩子們面對與自己相異的他人時，具有包容與理解的能力

◆ 課程設計方式：產品、成長

◆ 教師課前預備：

　◦教學對象的身心靈發展特徵與需求

　　由於本次的課程設計方式為產品與成長，因此，老師除了需要了解授課內容之外，也需要了解教學對象身心靈的各項發展特徵與需求。將學齡期幼童(6-10歲)的身心靈的各項發展特徵與需求資料整理如下：

· 6-8歲學齡期幼童的生理發展特徵：

發展面向	身體的發展	心智的發展
發展特徵	1.生長緩慢而平穩 2.容易疲累 3.好動 4.手眼協調較進步 5.換乳牙	1.注意力仍然短暫 2.思想是侷限於字面 3.好知也好問 4.無法了解抽象概念 5.對時間和空間的觀念仍受限 6.閱讀能力漸增強

整理自：台灣基督長老教會總會教育委員會，<<兒童身心發展及兒童牧養>>，主日學師資培訓手冊4，台北市：使徒出版社，2008，頁54-55。

· 6-8歲學齡期幼童的心理發展特徵：

發展面向	情緒的發展	社會性的發展
發展特徵	1.容易興奮 2.因害怕而退縮 3.需要安全感 4.漸顯出同儕的需要 5.有許多的畏懼 6.富有同情心、喜歡關心別人 7.十分反駁	1.需要玩伴 2.喜歡模仿大人 3.仍是自我中心 4.外面的遊戲較有吸引力 5.喜歡大人的讚美 6.團體的歸屬感 7.勤勉與自卑

整理自：台灣基督長老教會總會教育委員會，<<兒童身心發展及兒童牧養>>，主日學師資培訓手冊4，台北市：使徒出版社，2008，頁55-56。

· 6-8歲學齡期幼童的靈性發展特徵：

發展理論	詹姆斯·福勒 信仰發展理論	露絲·比吉克 基督徒靈性發展理論
發展特徵	直覺—投射式的信仰 孩童前期至大約八歲，反省思考從父母身上所見到的信仰。	小學時期 1.接受與認識耶穌基督是救主 2.在與他人的關係中，對基督徒的愛與責任有所覺察 3.繼續建構對基本基督教信仰事實的概念 4.學習適合個人信仰與基督徒生活的聖經教導 　a.每日的禱告 　b.日常生活的經文 　c.基督徒的友誼 　d.集體的敬拜 　e.服事神的責任 　f. 對神、耶穌、聖靈、創造、天使、天堂、地獄、罪、拯救、聖經歷史與基礎知識 5.發展自我的健康態度

補充資料：

發展理論	約翰・威斯霍夫 四個信仰類型	台灣長老教會資料 <<兒童身心發展及兒童牧養>> 頁56
發展特徵	經驗到的信仰 孩童經驗到主要照顧者的信仰。 孩童從生活中值得相信的人們身上，學習相信並對他人、自己與神有信心。	1.想知道天堂和地獄的事 2.喜歡上主日學 3.有興趣於有關上帝之事 4.喜歡聽聖經故事 5.會願意禱告 6.受成人的信仰、價值觀影響很大 7.無法了解抽象語詞

．9-10歲學齡期幼童的生理發展特徵：

發展面向	身體的發展	心智的發展
發展特徵	1.身心穩健成長 2.生長速度緩慢 3.精力充沛 4.能自如控制大肌肉 5.漸能認識時空觀念 6.避免過度消耗體力 7.喜歡戶外運動	1.多方面的興趣 2.好問且喜歡閱讀 3.記憶力增強 4.可以接受批評 5.漸能認識時空觀念 6.注意力較持久 7.對於抽象事物的了解仍有限

整理自：台灣基督長老教會總會教育委員會，<<兒童身心發展及兒童牧養>>，主日學師資培訓手冊4，台北市：使徒出版社，2008，頁56-57。

·9-10歲學齡期幼童的心理發展特徵：

發展面向	情緒的發展	社會性的發展
發展特徵	1.熱心開朗 2.漸能分辨是非 3.在意公平 4.情緒穩定 5.易顯露感情 6.喜歡幽默	1.同年夥伴的重要性 2.崇拜他所喜歡的教師和同學 3.爭取同伴的認可 4.喜歡團體及交朋友 5.尊敬師長 6.需要別人的信賴 7.喜歡幫助人／動物／嬰兒

整理自：台灣基督長老教會總會教育委員會，<<兒童身心發展及兒童牧養>>，主日學師資培訓手冊4，台北市：使徒出版社，2008，頁57-58。

· 9-10歲學齡期幼童的靈性發展特徵：

發展理論	詹姆斯·福勒 信仰發展理論	露絲·比吉克 基督徒靈性發展理論
發展特徵	童話—字面式的信仰 孩童後期，從父母以外的他人得到信仰知識(一些成人停留在此階段)。	小學時期 1.接受與認識耶穌基督是救主 2.在與他人的關係中，對基督徒的愛與責任有所覺察 3.繼續建構對基本基督教信仰事實的概念 4.學習適合個人信仰與基督徒生活的聖經教導 　a.每日的禱告 　b.日常生活的經文 　c.基督徒的友誼 　d.集體的敬拜 　e.服事神的責任 　f.對神、耶穌、聖靈、創造、天使、天堂、地獄、罪、拯救、聖經歷史與基礎知識 5.發展自我的健康態度

補充資料：

發展理論	約翰・威斯霍夫 四個信仰類型	台灣長老教會資料 <<兒童身心發展及兒童牧養>> 頁58
發展特徵	聯合的信仰 孩童中期至晚期特有的特徵。這個信仰類型的孩童有屬於自我意識和關懷社區意識。這類型信仰的人尋求歸屬感和被一群有信心的人組成的團體來培育自己的信仰。對他們而言，在一個團體中的身份認同是至關重要的，因為那提供了一個連貫培育的正面影響。	1.能明白聖經的特殊事實及人物 2.可以讀經禱告 3.崇拜聖經中的英雄人物 4.會問有關基督教的問題 5.樂於參與教會的活動 6.希望能像聖經中的某人物

。主題探討

本次授課內容，主要包含傳授基督教信仰中，關於「愛」的觀念，再將此觀念連結到「自我認同」的議題，以下擷取較簡潔的資料呈現何為基督教信仰中的「愛」，作為教師的教學參考，最後的「教師備課心得紀錄」，則提供教師做更進一步的思考，使教師能夠有系統的整理並記錄自身經驗，以供教學所需。

· 思考基督教信仰中所闡述的「愛」，如何幫助我們理解「愛」？

新約聖經中提到的愛：

關於神的「愛」：「上帝愛世人，甚至將他的獨生子賜給他們，叫一
　　　　　　　切信他的，不致滅亡，反得永生。」

　　　　　　　　(約翰福音三16，新標點和合本)

耶穌談論的「愛」：「你們要彼此相愛，像我愛你們一樣；這就是我
　　　　　　　　的命令。」(約翰福音十五12，新標點和合本)

使徒保羅所說的「愛」：「我若能說萬人的方言，並天使的話語，卻
　　　　　　　　　　沒有愛，我就成了鳴的鑼，響的鈸一般。我
　　　　　　　　　　若有先知講道之能，也明白各樣的奧祕，各
　　　　　　　　　　樣的知識，而且有全備的信，叫我能夠移
　　　　　　　　　　山，卻沒有愛，我就算不得甚麼。我若將所
　　　　　　　　　　有的賙濟窮人，又捨己身叫人焚燒，卻沒有
　　　　　　　　　　愛，仍然與我無益。」

　　　　　　　　　　(哥林多前書十三1-3，新標點和合本)

　　　　　　　　　　「愛是恆久忍耐，又有恩慈；愛是不嫉妒；愛
　　　　　　　　　　是不自誇，不張狂，不做害羞的事，不求自
　　　　　　　　　　己的益處，不輕易發怒，不計算人的惡，不
　　　　　　　　　　喜歡不義，只喜歡真理；凡事包容，凡事相

信，凡事盼望，凡事忍耐。愛是永不止息。」

(哥林多前書十三4-8，新標點和合本)

使徒約翰所說的「愛」:「愛裏沒有懼怕;愛既完全，就把懼怕除去。因為懼怕裏含著刑罰，懼怕的人在愛裏未得完全。我們愛，因為上帝先愛我們。」

(約翰一書 四18-19，新標點和合本)

其他參考資料

路益師(C.S. Lewis)。<<四種愛>>。林為正譯。台北市:雅歌，1989。

教師備課心得紀錄／思考問題

1.回想並寫下自己所體會過的「愛」的經驗。

_____

_____

_____

_____

_____

_____

2.孩子們面對的處境中，如何與他們談論基督教信仰中的「愛」的
　議題？

_____

_____

_____

_____

_____

_____

· 思考「自我認同」的議題

在成長的過程中，其實每一個人一直都在面對「自我認同」的課題！在小的時候，是希望得到爸爸媽媽的認同；開始上學，就希望得到師長們的認同；到了青少年時期，就希望得到同儕或心儀對象的認同；長大開始工作，進入社會之後，希望得到上司、長官、或同事們的認同；除了現實生活之外，在網路上呈現的自己，也希望能夠得到網友們的認同，好像得到了外在的認同，彷彿就得到自己的認同！尋求認同，是心理的正常需求，因為在人類發展自我概念的同時，得到了別人的認同，就證明了自身的價值，同時也在這樣的過程中，建立自信。因此，問題不是在於追求認同這件事，問題在於我們要追求的，是誰的認同？是父母師長的、家人朋友的、還是另一半的認同？如果自己不先認同自己，那麼就算得到了大多數人的認同，心中還是會有一份不真實、或是不踏實的感覺，也會因為這樣，只要周遭有不認同的聲音出現，我們先前所建構起來的認同，很容易就會瞬間瓦解！伴隨而來的，就會是一連串的心

理崩潰的連鎖反應，嚴重的話，則會導致憂鬱，甚至自殘、自毀的情況。而學齡期的孩子接下來所要面臨的，是一個「只要出現在社群媒體上，就能夠收到快速的誇獎，或是無情的攻擊」的時代，在這樣的環境中，幫助孩子擁有健康的自我認同，是教師與家長需要為孩子建立的，一個很重要的價值觀！然而，身為教師的我們，也需要先能夠認同自己，才能夠將「健康的自我認同觀念」傳遞給孩子們。在舊約聖經中，記載著一個故事：上帝差派先知撒母耳，去找一個名叫耶西的人，要從他的八個兒子中，選出未來以色列的王。先知撒母耳一看到耶希的兒子八個兒子裡的七個大兒子，先知撒母耳原本以為上帝會從這七個兒子裡面挑選一個，不過，上帝卻跟先知撒母耳說：「不要看他的外貌和他身材高大，我不揀選他。因為，耶和華不像人看人：人是看外貌；耶和華是看內心。」(撒母耳記上十六7，新標點和合本) 最後，上帝所選的，是耶西的么子，一個平凡到被派去牧羊的大衛，因為上帝看重的是大衛的內心！在接下來的舊約聖經記載中可以看到：大衛不管

在做什麼事，都是帶著對上帝單純的信任，不在意他人的言語跟眼光，就算他做錯事、犯了罪，也都誠心誠意的悔改，重新再站起來。而這樣的大衛，成了以色列的王！當人們汲汲營營地去追求他人的認同與讚美時，如果記得上帝對先知撒母耳所說的：「人是看外貌；耶和華是看內心。」就會了解：就算我們得到了很多人們的認同與讚美，最重要的，還是在我們的內心。使徒保羅曾說：「我若能說萬人的方言，並天使的話語，卻沒有愛，我就成了鳴的鑼，響的鈸一般。我若有先知講道之能，也明白各樣的奧祕，各樣的知識，而且有全備的信，叫我能夠移山，卻沒有愛，我就算不得甚麼。我若將所有的賙濟窮人，又捨己身叫人焚燒，卻沒有愛，仍然與我無益。」(哥林多前書十三1-3，新標點和合本)使徒保羅的這一席話，更加強調了內心有愛的重要性！一個內心良善又充滿愛的人，所散發出來的氣質和影響力，絕對是無遠弗屆的！而當人們明白：「讚美和咒罵都是人給的，因為人是看外表的」的時候，他／她對自己的自我認同就會有一個很好的根基，知道那些因為外在的樣貌或

能力而得到的認同，都是暫時的，最重要的是：內心保有愛自己和愛人的能力，同時這也是身為教師需要為孩子們建立的，健康的自我認同的概念！

其他參考資料

書籍：

馬修·麥凱等。<<真心接納自己，培養健全的自尊心：美國臨床心理學教授教你瞭解自我的價值，與自己和好，重建自信>>。洪夏天譯。台北市：遠流，2018。

延伸閱讀：

歐馬·薩伊夫·戈巴許。<<自我認同與思辨的價值：給年輕人的二十七封信>>。周沛郁譯。台北市：好優文化，2020。

教師備課心得紀錄／思考問題

1.對於自己的外在(身體部位)與內在(人格特質、才藝)，我有什麼喜歡與不喜歡的地方？

_____

_____

_____

_____

_____

_____

2.如何使孩子們擁有健全的自我認同概念？

_____

_____

_____

_____

_____

_____

· 本次課程設計內容，主要以兒童繪本——《你很特別》，作為主要的

教材，在授課之前，教師需先閱讀並熟悉此繪本。

閱讀繪本「你很特別」。

書籍資訊：陸可鐸。<<你很特別(經典版)>>。丘慧文、郭恩惠譯。台

北市：道聲，2009。

教師備課心得紀錄／思考問題

1.繪本中，最吸引你深思的情節或文字是什麼？讓你想到了什麼？

_____

_____

_____

_____

_____

_____

2.對你來說，要如何成為露西亞？

_____

_____

_____

_____

_____

_____

3.對你來說，木匠伊萊是一個怎樣的存在？

_____

_____

_____

_____

_____

_____

◆ 課程程序：

程序	預估時間 （分鐘）	使用教材／器材	活動設計與內容
課前活動	15	與人數相對應的全張 星星貼紙	貼貼紙遊戲
主要課程	20	繪本<<你很特別>> 紙本＋實物投影機或 電子檔案＋投影機	1.閱讀繪本 2.問題與討論 3.分享自我認同的觀念
課後活動	15	與星星貼紙數量相對應 的單張愛心貼紙	領貼紙活動
備註			

◆ 課程說明：

・課前活動

　活動名稱：貼貼紙遊戲

　活動目標：讓孩子在活動中，感受被貼貼紙的感覺

　設計理念說明：「貼貼紙」的行為，對孩子來說是有趣又好玩的；
　　　　　　　　因此，在課前嘗試用實際的貼貼紙活動，使孩
　　　　　　　　子體會微美克人的生活。

　活動內容：

1. 將事前準備好的星星貼紙(一張全張貼紙上面有數排的星星貼
　紙)將星星貼紙發下去，一人一張全張貼紙。

2. 計時五分鐘，請孩子自由找人貼貼紙。決定給貼紙的原則是，
　如果這個小朋友身上有令人喜歡的部分，像是：覺得眼睛很
　漂亮、講話很好玩、唱歌很好聽、寫字很好看……等等，就可
　以在對方身上貼一顆星星貼紙！

3. 待五分鐘的時間到了以後，請孩子就定位坐下，算算自己得到
　多少張貼紙！如果時間許可，可以請幾位小朋友分享一下感想。

‧ 主要課程

活動名稱：1.閱讀繪本　2.問題與討論　3.分享自我認同的觀念

活動目標：引導並使孩子了解「愛」與「自我認同」的關係

設計理念說明：藉由繪本<<你很特別>>的故事，引導孩子思考
　　　　　　　愛與自我認同的議題。

活動內容：

1.閱讀繪本<<你很特別>>，以逐字唸出繪本原文的方式，帶領
　孩子閱讀繪本，在導讀的時候，教師須注意語氣的抑揚頓
　挫，以聲音輔助圖片的方式，帶領孩子進入故事的情境。

2.問題與討論：看完繪本後，用以下的問題引導孩子進入思
　考與討論。

　問題一：你覺得微美克星球是一個怎樣的地方？

　問題二：你覺得胖哥是一個怎樣的人？
　　　　　露西亞是一個怎樣的人？

　問題三：你覺得貼紙無法貼在露西亞身上的原因
　　　　　是什麼？

　問題四：你覺得你比較像胖哥，還是露西亞？

　問題五：如果有人要幫你貼星星貼紙，還有灰點點
　　　　　貼紙的時候，你可以有什麼反應？

說明：

以上五個問題，前三個問題的目的在打開話題，教師可以多花一些時間在最後兩個問題的討論，並引導孩子思考：如何面對他人的讚美與批評。當孩子們在回答問題時，不管答案如何，都需要保持尊重與肯定的態度；同時也要注意較安靜的孩子，給他們機會說話。

3.教師可與孩子分享自我認同的觀念。

說明：

此部分的討論可依據先前的問題與討論時，孩子回答的內容，加上教師自身在事前備課時的心得，加以應用與補充。

教師可事先將要在課堂上分享的重點整理如下：

教師備課要點整理：(例：有的人很容易讚美別人，有的人很容易批評別人，但是這都像微美克星球的人在做的事)

_____

_____

_____

_____

_____

· 課後活動

活動名稱：領貼紙活動

活動目標：讓孩子體會讚美他人的美好，就是一種愛的行動

設計理念說明：呼應課前的「貼貼紙活動」，幫助孩子理解帶著
　　　　　　　　愛的讚美，就是認同自己，也認同他人的行為。

活動內容：

1.讓孩子算算自己之前總共給出多少張星星貼紙。

2.讓孩子排隊依序向老師領取相應數量的愛心貼紙，並對老師
　說出最喜歡自己的什麼地方。

3.待所有孩子都領到愛心貼紙之後，結束課程。

附錄二、靈性教育單堂課程範例
APPENDIX 2

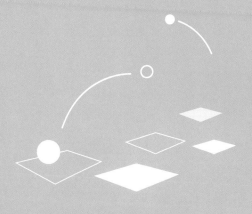

教案範例二

◆ 主題/課程名稱：Magic Love

◆ 教學對象：11-16歲青少年(15-20位)

◆ 教學/課程目標：

‧ 帶領青少年了解基督教信仰中，以「愛」為出發點，看待「愛情」的議題。

‧ 建立青少年面對感情時，需要具有的—對自己與他人的健康觀念與心態。

‧ 培養青少年在面對感情問題時，具備對建立親密關係所需的認知能力。

◆ 課程設計方式：成長、旅行

◆ 教師課前預備：

。教學對象的身心靈發展特徵與需求

本次的課程設計方式為成長與旅行，目的是透過與青少年的互動，幫助青少年在建立親密關係時所需具有的認知能力，傳遞健康的感情觀念。老師可以先了解青少年身心靈

的各項發展特徵與需求，就能夠在課堂活動的互動過程中，分享課程內容。將青少年身心靈的各項發展特徵與需求資料整理如下：

‧11-16歲青少年身心發展特徵：

發展面向	身體	心理
發展特徵	1.身體改變迅速、明顯 2.達到生殖成熟 3.尋求認定、成為重心 4.發展出抽象思考，以及使用科學推理的能力 5.青少年期特有的唯我觀持續出現在某些行為中 6.同伴團體有助於發展並測試自我概念 7.與父母關係大致良好	身份認同／角色混淆： 青少年時期會發展出強烈的自我感，典型的例子就是：會開始思考「我是誰？從哪裡來？往哪裡去？」若是自我感未發展完全，青少年則會產生對於生活中的身份認同／角色混淆。除此之外，青少年時期開始會尋求同儕的認同，因此，會十分在乎相同年齡的同伴的喜惡，進而仿效，尋求認同。

除此之外，還可以從四個觀點去了解青少年：

觀點	內容
生物學	生物學探討在青春期時，性成熟以及身體成長的過程。所涉及的是發生於青春期時，男女性器官的成熟與功能、第二性徵的發育，以及身高、體重的成長趨勢。此外，生物學方法還探討與健康有關的營養、體重問題、身體吸引力，以及青少年對於身體變化的情緒反應。
認知心理學	以認知心理學的方式來研究青少年，涉及兩個層面的認知(cognitive)問題： 1.青少年思考方式的質變(由具體到抽象) 2.智能與資訊處理上的量變。此法同時也關切認知改變對於青少年的人格和行為所產生的影響。
性心理學	第三種管道是透過性心理學的(psychosexual)方法來研究青少年，處理關於情感發展與自我發展的問題，包括自我概念、自尊、性別，以及自我認同等方面的發展。性心理學的方法同時關注心理健康、情緒失調，還有壓力對青少年所產生的影響。
社會學	第四種是以社會的(social)方法來從事青少年研究。這種方法廣含了人際發展、人際關係、約會，以及道德判斷、性格、價值、信仰，還有社會(道德)行為的發展。此外，亦包含青少年社群、青少年次文化，以及父母與青少年之間的關係(親子關係)，還有不同家庭結構對於青少年發展的影響。

以上資料，整理自：

約翰·湯森德。<<為青少年立界線>>。蔡岱安譯。洛杉磯，台福，2007。

賴斯派瑞。<<伴青少年度過掙扎期>>。柳惠容等譯。新店，基督橄欖，2003。

青少年正處在一個身體迅速成長、荷爾蒙劇烈的改變時期，因此，會有作息不正常，並且容易有較大的情緒起伏的情況與多愁善感的情緒；甚至，會為了證明自我的存在感，而產生反抗權威的言語與行為。此時的青少年，就像是一個尚未長大成熟的小大人，或是要證明自己已經長大的大小孩，此時的父母與師長，可將心態調整成一個亦師亦友的概念和身份，與青少年相處；尊重青少年的想法，找到青少年的長處予以肯定，並在適當的時機，提點青少年不適當、或思考欠周延的言行舉止；避免權威式的說教，改以尊重並認同、再輔以勸導的態度，與青少年相處。由於，青少年已經具備抽象思考的能力，因此，可以用發生在生活周遭的事件，與青少年談論比較需要深層思考的相關議題，幫助青少年具有深度思考的能力。

· 11-16歲青少年靈性發展特徵：

發展理論	詹姆斯·福勒 信仰發展理論	露絲·比吉克 基督徒靈性發展理論
發展特徵	綜合—認同群體式的信仰 青少年前期，適應他們的「群體」。信仰開始與不斷增加的生活中的複雜性結合。 個人—反省式的信仰 青少年後期至成年人前期，注重在自己的承諾與信仰所帶來的責任。這是個人價值發展的時期。	青少年時期 1.學習在日常生活展現基督徒的愛心 2.繼續發展對自我的健康態度 3.發展聖經知識與技巧，使其能夠面對信仰上的攻擊 4.增強基督徒特質的強度，使其能夠面對反基督／敵基督的社會壓力 5.接納與其能力相當的服事責任 6.學習以基督教的中心價值觀來做日常生活中的各樣決定 7.增強自我節制的能力，追求「天上的財富」

補充資料：

發展理論	約翰·威斯霍夫 四個信仰類型
發展特徵	**尋求或掙扎的信仰** 這個類型的人通常是處在對自身信仰、家庭與所屬信仰團體有批判思考的年輕人與青年。對承諾／委身的懷疑、實驗、測試與探究是這類型的特徵。

。主題探討

本次授課內容，主要包含傳授基督教信仰中，關於「愛」的觀念，再將此觀念連結到「愛情／親密關係」的議題，以下擷取較簡潔的資料呈現何為基督教信仰中的「愛」，作為教師的教學參考，最後的「教師備課心得紀錄」，則提供教師做更進一步的思考，使教師能夠有系統的整理並記錄自身經驗，以供教學所需。

· 思考基督教信仰中所闡述的「愛」，如何幫助我們理解「愛」？

新約聖經中提到的愛：

關於神的「愛」：「上帝愛世人，甚至將他的獨生子賜給他們，叫一切信他的，不致滅亡，反得永生。」

（約翰福音三16，新標點和合本）

耶穌談論的「愛」：「你們要彼此相愛，像我愛你們一樣；這就是我的命令。」（約翰福音十五12，新標點和合本）

使徒保羅所說的「愛」：「我若能說萬人的方言，並天使的話語，卻沒有愛，我就成了鳴的鑼，響的鈸一般。我

若有先知講道之能，也明白各樣的奧祕，各樣的知識，而且有全備的信，叫我能夠移山，卻沒有愛，我就算不得甚麼。我若將所有的賙濟窮人，又捨己身叫人焚燒，卻沒有愛，仍然與我無益。」

(哥林多前書十三1-3，新標點和合本)

「愛是恆久忍耐，又有恩慈；愛是不嫉妒；愛是不自誇，不張狂，不做害羞的事，不求自己的益處，不輕易發怒，不計算人的惡，不喜歡不義，只喜歡真理；凡事包容，凡事相信，凡事盼望，凡事忍耐。愛是永不止息。」

(哥林多前書十三4-8，新標點和合本)

使徒約翰所說的「愛」：「愛裏沒有懼怕；愛既完全，就把懼怕除去。因為懼怕裏含著刑罰，懼怕的人在愛裏未得完全。我們愛，因為上帝先愛我們。」

(約翰一書 四18-19，新標點和合本)

其他參考資料

路益師(C.S. Lewis)。<<四種愛>>。林為正譯。台北市：雅歌，1989。

教師備課心得紀錄／思考問題

1.回想並寫下自己所體會過的「愛」的經驗。

_____

_____

_____

_____

_____

2.從青少年的觀點出發做思考，如何與他們談論基督教信仰中的
「愛」的議題？

_____

_____

_____

_____

_____

‧思考「愛情」的議題

　　愛情可以探討的面向非常多，同樣的，在聖經中也不乏各種有關愛情的故事題材，從聖經中，各樣的愛情故事，挑選出十個並分門別類，列舉如下：

系列	男女主角	聖經經文出處(新標點和合本)
偷拐搶騙系列	參孫 v.s. 大利拉	士師記 十六 4-21
	大衛 v.s. 拔示巴	撒母耳記下 十一1-27
癡心絕對系列	亞伯蘭 v.s. 撒萊 亞伯拉罕 v.s. 撒拉	創世記 十二10-20 創世記 廿1-18
	何西阿 v.s. 歌篾	何西阿書 一 2-9、三1-3
兩情相悅系列	亞當 v.s. 夏娃	創世記 二7-8, 15-25、三1-24
	以撒 v.s. 利百加	創世記 廿四1-67、廿五20-21
	波阿斯 v.s. 路得	路得記 二1-17、三1-18、四1-13
	約拿單 v.s. 大衛	撒母耳記上 十八1-4、十九1-7、 廿1-42、廿三14-18、 卅一2 撒母耳記下 一1-16, 25-27
	約瑟 v.s. 馬利亞	馬太福音 一18-25、二13-15
	亞居拉 v.s. 百基拉	使徒行傳 十八1-3, 18-21, 24-26 哥林多前書 十六19

以上所列舉的故事內容，簡述如下：

偷拐搶騙系列

參孫v.s.大利拉：大力士參孫愛上大利拉，大利拉被參孫的敵人拉攏，因此再三的哄騙參孫，要問出參孫力大無窮的秘密。參孫受不了大利拉的糾纏，心煩之下說出自己為什麼是大力士的秘密，導致自己被敵人殺死。

大衛v.s.拔示巴：大衛王因貪戀拔示巴的美色，趁她的丈夫烏利亞上前線打仗時跟她同房，結果害拔示巴懷孕後，為了掩蓋罪行，陷害忠心的烏利亞死於戰場！烏利亞死後，大衛王就將拔示巴帶回宮中。

癡心絕對系列

亞伯蘭v.s.撒萊(一)：亞伯蘭因家鄉鬧饑荒，舉家遷到埃及避難，擔心法老王貪戀他老婆撒萊的美色而殺他，就叫撒萊跟法老王說她是亞伯蘭的妹妹(雖然事實上撒萊是亞伯蘭同父異母的妹妹)，亞伯蘭因為撒萊被法老王召進宮中，而得到許多的賞賜。後來上帝降災給法老王，讓法老王正要親近撒萊

時，發現了事實！法老王把撒萊還給亞伯蘭之後，把他們送走了！

亞伯拉罕v.s.撒拉(二)：此時的亞伯蘭已經改名為亞伯拉罕，撒萊也已改名為撒拉。亞伯拉罕來到基拉耳，面對基拉耳王亞比米勒的時候，故技重施，再次對基拉耳王亞比米勒宣稱撒拉是他的妹子，撒拉只好再次順從，就在亞比米勒正要親近撒拉的時候，上帝提醒亞比米勒，後來，亞比米勒就把撒拉還給亞伯拉罕。

何西阿v.s.歌篾：上帝要以色列先知何西阿去娶淫婦歌篾為妻，還要照顧歌篾所生的孩子。歌篾為何西阿生了一個兒子，名叫耶斯列，之後又生了兩個孩子，父親不確定是誰。最後歌篾離開何西阿，與她的情人私奔。何西阿傷心之餘，還是希望歌篾能回心轉意。何西阿後來得知歌篾被情人拋棄，賣身為奴，當他再度看到歌篾，就心生憐憫，再次把她贖回來並且饒恕她，再次接納她為妻子。

兩情相悅系列

亞當v.s.夏娃：當亞當看到上帝為他所造的夏娃時，他對夏娃說：妳是
我骨中的骨，肉中的肉。兩人一同快樂的生活在上帝所
創造的伊甸園中。

以撒v.s.利百加：以撒的父親，亞伯拉罕，派老僕人去幫忙找兒媳婦。
老僕人在井邊找到利百加，把她帶回和以撒結婚，
以撒自從她的母親去世之後，一直到遇見利百加，
才安慰了他的心，在那個一夫多妻並不罕見的年
代，以撒一生只有利百加一個妻子。

波阿斯v.s.路得：路得的丈夫過世了，路得隨著婆婆一同回到婆婆的
故鄉，伯利恆。在那裏，路得每天到田裡撿拾麥穗以
養活婆婆與自己。地主波阿斯因為聽聞路得孝順又
賢德的好名聲，因此十分關照路得，甚至當路得提
出請波阿斯照顧她的要求時，正直的波阿斯遵照當
時規定，取了路得為妻。

約拿單v.s.大衛：約拿單是以色列第一位國王-掃羅王的兒子，當他
遇見大衛時，大衛剛剛立下了打敗非利士人歌利亞
的戰功，約拿單一見大衛，就與大衛的心深相契合，
愛大衛如同愛自己，甚至脫下外袍，連同戰衣、刀、

弓、腰帶等，將身為一個戰士最重要的東西都給了大衛。後來，掃羅王因為大衛的名聲與民眾喜愛大衛的程度越來越高，而心生不安，欲殺大衛！約拿單不惜違背父親掃羅王，也要幫助大衛逃亡。後來，約拿單於戰場與非利士人爭戰而亡，大衛還因此為他做了哀歌，在其中提到：「我兄約拿單哪，我為你悲傷！我甚喜悅你！你向我發的愛情奇妙非常，過於婦女的愛情。」

約瑟v.s.馬利亞：馬利亞當時已經許配給約瑟，還沒迎娶，她就因為聖靈感孕懷了耶穌。起初，約瑟不明白其中原因，但因為不想公開羞辱馬利亞，所以想要暗自解除跟馬利亞的婚約。正當他在思考這件事的時候，上帝派天使告訴他其中的原委；約瑟明白一切之後，就依照原先的婚約娶了馬利亞，並且在馬利亞還沒生下耶穌之前，沒有與她同房，也沒有另外娶妻，一起撫養耶穌和其他與馬利亞一起生的孩子。

亞居拉v.s.百基拉：亞居拉與百基拉是與使徒保羅一起傳福音的一對夫妻，兩個人以製造帳棚維生，是使徒保羅的好幫手。不僅如此，他們還一起幫助另一位傳福音的亞波羅，使他成為強而有力的傳道人；後來，

這對夫妻還一起開設了一間家庭教會，繼續傳福音的工作。

正值青春期的青少年，對於愛情總有許多的興趣與期待；同時，也會開始有心儀的對象，教導青少年如何擁有健康的感情觀，以及能夠建立正確的性觀念，對他們往後的人生來說，會有相當大的影響力。在基督教信仰中，常常將上帝與人之間的信仰關係，用愛情作比喻來形容，因此，談論愛情相關的議題，也是針對青少年設計靈性教育課程時的一個很適合的進路。由於談論愛情的面向可以相當的寬廣，議題可以非常多元，因此，建議教師們可以將單堂的課程，延伸設計成為一系列的連貫課程，以便能夠更深入的探討。

愛之語介紹：

「愛之語-五種愛的語言」美國著名的婚姻治療師蓋瑞‧巧門根據多年的婚姻諮商經驗，提出五種表達愛的常見形式，其中包括：肯定的言語、服務的行動、真心的禮物、精心的時刻、身體的接觸。簡述如下：

肯定的言語：包括稱讚、鼓勵或向他人表達感謝。

服務的行動：真誠地為對方服務、做事情，以行動表達感情。

真心的禮物：送禮是常見的、表達愛的方式；然而，送禮不一定是要昂貴的禮物，主要是在於看到對方的需要，表達「我在乎你」的心意。

精心的時刻：製造兩個人彼此陪伴，並且將專注力放在對方身上的機會，例如：一起從事喜歡的活動。

身體的接觸：不單是指性行為，舉凡：牽手、擁抱、摟肩……等等的肢體接觸，也能讓對方感受到關愛。

蓋瑞‧巧門的五種愛之語的概念，後來引申出應用在單身人士、孩童與青少年的身上，詳情可參閱以下參考資料。

其他參考資料

書籍：

蓋瑞‧巧門。<<愛之語：兩性溝通的雙贏策略>>。王雲良譯。台北市：中國主日學協會，1998。

蓋瑞‧巧門等。<<單身愛之語(增訂版)>>。柯美玲等譯。台北市：中國主日學協會，2020。

延伸閱讀：

Chapman, Gary D. *The Five Love Languages of Teenagers: The Secret to Loving Teens Effectively.* Chicago, IL: Northfield Publishing, 2016.

- and Paige Drygas. *A Teen's Guide to the Five Love Languages: How to Understand Yourself and Improve all Your Relationships.* Chicago, IL: Northfield Publishing, 2016.

蓋瑞‧巧門等。<<兒童愛之語：打開親子愛的頻道>>。吳瑞誠等譯。台北市：中國主日學協會，2021。

教師備課心得紀錄／思考問題

1.這十個聖經的愛情故事，可以探討什麼樣的感情議題？

系列	男女主角	聖經經文出處(新標點和合本)	感情議題
偷拐搶騙系列	參孫 v.s. 大利拉	士師記 十六 4-21	例：信任
	大衛 v.s. 拔示巴	撒母耳記下 十一1-27	
癡心絕對系列	亞伯蘭 v.s. 撒萊 亞伯拉罕 v.s. 撒拉	創世記 十二10-20 創世記 廿1-18	
	何西阿 v.s. 歌篾	何西阿書 一 2-9、三1-3	
兩情相悅系列	亞當 v.s. 夏娃	創世記 二7-8, 15-25、三1-24	
	以撒 v.s. 利百加	創世記 廿四1-67、廿五20-21	
	波阿斯 v.s. 路得	路得記 二1-17、三1-18、四1-13	
	約拿單 v.s. 大衛	撒母耳記上 十八1-4、十九1-7、 廿1-42、廿三14-18、 卅一2 撒母耳記下 一1-16, 25-27	
	約瑟 v.s. 馬利亞	馬太福音 一18-25、二13-15	
	亞居拉 v.s. 百基拉	使徒行傳 十八1-3, 18-21, 24-26 哥林多前書 十六19	

2.自己是如何看待愛情的?回想自己的感情經驗中,有什麼喜
　歡與不喜歡的地方?

_____

_____

_____

_____

_____

3.如何幫助青少年建立健全的感情觀(性與愛的關聯、性別認
　同),使他們能夠保護自己、避免傷害他人,還能夠從中成長?

_____

_____

_____

_____

_____

4.閱讀<<愛之語>>這本書之後，思考自己所需求的愛之語
　是什麼？擅長與不擅長付出的愛之語又是什麼？可以如何與
　青少年分享及應用五種愛的語言？

_____

_____

_____

_____

_____

_____

‧本次課程設計內容，主要以專為本課程設計的桌遊—「愛情紅配綠」，作為主要的教材，在授課之前，教師需先熟悉此桌遊的內容、遊戲規則、變化玩法與訣竅。

「愛情紅配綠」

愛情紅牌與愛情綠牌的內容與先前列出的10個聖經中的愛情故事有關。

內含：

愛情紅牌135張—其中包含人名、物品、地名或事件(已標明聖經出處)

愛情綠牌80張— 其中包含一個形容詞，用來形容人名、物品或事件

適用人數：3-5人

遊戲規則：見課程說明中的主要課程活動內容。

附註：

愛情紅牌之牌卡內容

蛇 創三1	埃及 創十二10	拿細耳人 士十六17	基拉耳王亞比米勒 創廿1	大利拉天天用話催逼參孫 士十六16
參孫 士十六4	水井 創廿四11	摩押女子 路二2	掃羅發誓不殺大衛 撒上十九6	約拿單要大衛找地方藏身 撒上十九2
約押 撒下十一6	迦薩 士十六21	耶路撒冷 撒下十一1	拔示巴為大衛生子 撒下十一27	法老因撒萊而厚待亞伯蘭 創十二16
撒萊 創十二11	王宮 撒下十一2	安身之處 路三1	波阿斯娶路得為妻 路四13	波阿斯用慈愛的話安慰路得 路二11-13
法老 創十二15	大利拉 士十六4	以色磐石 撒上廿19	馬利亞從聖靈懷孕 太一18	以撒娶利百加為妻，得安慰 創廿四67
撒拉 創廿2	約拿單 撒上十八1	心相契合 撒上十八1	約瑟娶馬利亞為妻 太一24	亞居拉與百基拉的家庭教會 林前十六19
歌篾 何一3	掃羅王 撒上十八1	無法生育 創廿18	馬利亞許配給約瑟 太一18	約拿單與大衛在樹林裡立約 撒廿三17-18
亞當 創二7	拔示巴 撒下十一3	賢德的女子 路三11	金器、銀器和衣服 創廿四53	主的使者在夢中向約瑟顯現 太一20;二13
夏娃 創三20	烏利亞 撒下十一3	有靈的活人 創二7	大衛接拔示巴進宮 撒下十一4	夫妻兩人赤身露體， 並不羞恥 創二25

上帝	亞伯蘭	分別善惡樹	約拿單與大衛結盟	參孫將心中所藏的告訴大利拉
創二7	創十二10	創二17	撒上十八1,4	士十六17
以撒	何西阿	烏利亞被殺死	大衛使拔示巴懷孕	大衛派烏利亞去陣勢險峻之處
創廿四4	何一1	撒下十一17	撒下十一5	撒下十一14-15
路得	利百加	二人成為一體	骨中的骨肉中的肉	拿俄米要路得安心等待波阿斯
路二2	創廿四29-30	創二24	創二23	路三18
耶穌	波阿斯	路得撿拾麥穗	大衛看見拔示巴沐浴	亞伯拉罕派老僕人為以撒找妻子
太一18	路二1	路二2	撒下十一2	創廿四
約瑟	拿俄米	製造帳棚為業	大衛為約拿單作哀歌	約拿單向父親掃羅說大衛的好話
太一18	路二1	徒十八3	撒下一25-27	撒上十九4
保羅	馬利亞	大利拉欺騙參孫	拔示巴為烏利亞哀哭	基拉耳王亞比米勒召見
徒十八1	太一18	士十六4-20	撒下十一26	亞伯拉罕 創廿9
男人	希律王	參孫欺哄大利拉	路得睡在波阿斯腳旁	約拿單愛大衛如同愛自己的生命
創二23	太二13	士十六7-15	路三7	撒上十八1,4
女人	亞居拉	何西阿贖回歌篾	利百加打水給駱駝喝	波阿斯不讓路得空手回去見拿俄米
創二23	徒十八2	何三2	創廿四19	路三17
配偶	百基拉	路得與婆婆同住	烏利亞不與妻子同寢	約拿單送大衛戰衣、刀、弓、腰帶
創二20	徒十八2	路二23	撒下十一11	撒上十八4

義人 太一19	亞波羅 徒十八24	西弗曠野的樹林 撒廿三15-16	戰衣、刀、弓、腰帶 撒上十八4	波阿斯吃喝完，心裡歡暢， 睡在麥堆旁 路三7
肋骨 創二21	亞捫人 撒下十一1	非利士人的首領 士十六5	撒萊被帶到法老的宮裡 創十二15	約瑟直到馬利亞生子， 都沒有與她同房 太一25
麥穗 路二2	大財主 路二1	同父異母的妹妹 創廿12	法老送走亞伯蘭和撒萊 創十二20	二人(約拿單與大衛)親嘴， 彼此哭泣 撒上廿41
金環 創廿四22	梭烈谷 士十六4	同父異母的哥哥 創廿12	約瑟想暗中休掉馬利亞 太一19	以撒為利百加不生育祈求， 利百加就懷孕 創廿四67
塵土 創二7	拿鶴城 創廿四10	容貌俊美的婦人 創十二11	約瑟帶馬利亞逃往埃及 太二13	基拉耳王亞比米勒將撒拉 歸還給亞伯拉罕 創廿14
力氣 十十六5	伊甸園 創二15	參孫的七條髮綹 士十六13, 19	大利拉叫人剃參孫頭髮 士十六19	耶和華因撒萊的緣故而降災 給法老和他的全家 創十二17
饑荒 創十二10	伯利恆 撒上廿28	何西阿娶淫婦為妻 何一2	離開父母，與妻子連合 創二24	大利拉將參孫的髮綹與緯線同織，用橛子釘住 士十六14
拉班 創廿四29-30	剃頭刀 士十六17	約拿單要大衛離開 撒上十六42	基拉耳王亞比米勒作夢 創廿3	大衛為約拿單的死撕裂衣服，悲哭哀號，禁食到晚上 撒下十一11-12
大衛 撒上十八1 撒下十一1	亞伯拉罕 創廿1	掃羅向約拿單發怒 撒上廿30	非利士人的首領見大利拉 士十六5	百基拉與亞居拉向亞波羅詳細講解上帝的道 徒十八24

愛情綠牌之牌卡內容

忠貞的	欺騙的	誠實的	正直的	誇耀的	善良的	有智慧的	至死不渝的
執著的	害怕的	安慰的	堅持的	熱切的	無私的	有耐心的	無怨無悔的
美麗的	情色的	溫暖的	自私的	強迫的	可愛的	有能力的	同心協力的
溫柔的	暴力的	謙卑的	同情的	厭惡的	邪惡的	相輔相成的	義無反顧的
富有的	狡猾的	想念的	憐憫的	殘忍的	迷惑的	互相扶持的	一見鐘情的
寬恕的	詭詐的	期待的	貧窮的	墮落的	真誠的	不計後果的	反覆無常的
強壯的	貪戀的	戀慕的	忠心的	恐懼的	慷慨的	有好名聲的	心煩意亂的
保護的	嫉妒的	渴望的	無奈的	悲慘的	勇敢的	歡喜快樂的	目中無人的
純真的	自大的	忍耐的	淫蕩的	甜美的	有名望的	同甘共苦的	開誠佈公的
聖潔的	愚笨的	持續的	貪婪的	正義的	不滿足的	相親相愛的	坦然無懼的

◆ 課程程序：

程序	預估時間 （分鐘）	使用教材／器材	活動設計與內容
課前活動	50	聖經中十個愛情故事的聖經經文出處與故事內容	分組呈現
中場休息	10	休息時間	
主要課程	30	3-4 套的「愛情紅配綠」桌遊	桌遊
課後活動	20	與人數相對應的一套五張的愛之語小卡	分享與回應
備註			

◆ 課程說明:

· 課前活動

　　活動名稱:分組呈現

　　活動目標:認識聖經中的十個愛情故事

　　設計理念說明:分組呈現方式的教學設計,能夠讓青少年有參
　　　　　　　　　與感,並且在投入的過程中,快速熟悉十個聖經
　　　　　　　　　愛情故事。

　　活動內容:

　1.將聖經中十個愛情故事的經文出處與故事內容簡介列印在
　　紙上,做成十張紙條。

　2.請青少年3-5個人為一組,性別不拘,總共分成五組。

　3.每組派代表抽取故事經文兩張。

　4.每組可以有15分鐘準備,3分鐘呈現所抽到的兩個聖經故事。
　　呈現重點需要包括:人名、地名與故事內容;呈現方式不拘,
　　可以包含:畫圖、角色扮演、廣播劇……等。

　5.呈現結束後,教師簡單複習十個故事的內容後,休息10分鐘。

· 主要課程

活動名稱：桌遊 － 愛情紅配綠

　　　　　（視上課人數，預備桌遊套數，

　　　　　例：若有15個學生，則需預備3-5套桌遊）

活動目標：幫助青少年思考愛與愛情的議題

設計理念說明：透過青少年喜愛的桌遊，帶來互動的課程設計，

　　　　　　　為青少年展示不同的愛情樣貌，透過遊戲中的

　　　　　　　討論，引導青少年思考並建立健全的感情觀念。

活動內容：

「愛情紅配綠」遊戲規則：

1.將各自充分混合好的愛情紅牌與愛情綠牌放在中間。

2.每個玩家拿 7 張愛情紅牌在手上，面向自己。

3.從玩家中選出一位作為第一位裁判。

4.裁判翻開一張愛情綠牌，將愛情綠牌上的形容詞大聲唸出，並展示出來給大家看。

5.其他玩家(不包含裁判)從自己手上的7張愛情紅牌中，挑選出最符合愛情綠牌所描述的一張愛情紅牌，字面朝下的放到中間。

　　註：如果沒有完全符合愛情綠牌形容的愛情紅牌也無妨，因為有些裁判可能會選出最好笑或是最有趣的愛情紅牌。

6.裁判蒐集玩家交出的愛情紅牌，洗牌之後從這些愛情紅牌中挑出一張裁判認為最適合愛情綠牌所形容的愛情紅牌。

　　註：此時玩家可以試圖說服裁判要選擇哪一張愛情紅牌

7.當裁判選出其中一張愛情紅牌，交出這張愛情紅牌的玩家則能夠贏得這一回合的愛情綠牌。

8.為了方便計分，玩家可將贏得的愛情綠牌放在自己的前方。

9.裁判將剩餘的愛情紅牌放在一旁。

10.裁判左方的玩家成為下一位裁判,新的裁判為每一位玩家補發一張愛情紅牌,確定每一位玩家手中都有7張愛情紅牌後,翻開下一張愛情綠牌,開始另一回合。

11.繼續進行遊戲,直到有玩家贏得3張愛情綠牌,遊戲結束。

變化玩法:可將愛情紅牌與愛情綠牌的玩法對調,玩家每人得到5張愛情綠牌,由裁判抽出愛情紅牌作為出牌主題。

· 課後活動

活動名稱：分享愛之語

活動目標：了解與建立在情感關係中良好溝通的方式

設計理念說明：從分享中了解自身與他人的不同需求，促進對

彼此的了解，達到溝通的目的！

活動內容：

1.和青少年一同探討先前的十個聖經故事中，分別存在什麼
議題？(可帶入自身經驗分享)

2.將事先準備好的「愛之語」小卡，每人發一套。

3.說明情感關係中，良好溝通的重要性，並解說每一種愛之
語的意義。

4.請大家花一點時間思考，什麼是自己喜歡的愛之語？什麼是自
己擅長與不擅長付出的愛之語？

5.每個人在小組分享前述兩個問題和今天的收穫(對愛情的看法)。

6.每組派一人做代表分享討論結果後，由教師做總結並結束課程。

附錄三、靈性教育單堂課程範例
APPENDIX 3

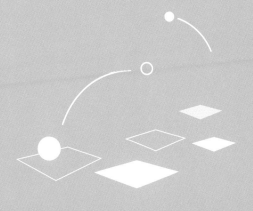

教案範例三

◆ 主題／課程名稱：縮小人生

◆ 教學對象：25-45歲成年人(10-15位)

◆ 教學／課程目標：

· 透過輕鬆的影音方式，創造成年人不同的學習經驗。

· 透過討論影視媒材中所帶來不同的議題，引發人們思考自身的處境。

· 藉由聆聽與分享不同的聲音，擴大與加深每個參與者思考的面向。

◆ 課程設計方式：旅行

◆ 教師課前預備：

。教學對象的身心靈發展特徵與需求

本次的課程設計方式以「旅行」為主，因此在課程進行中，每一個參與者的投入是很重要的。25-45歲的成年人，因為年齡分佈的範圍較寬廣，特意做這樣的安排，是為了讓整體的課堂分享與討論具有多元的觀點與想法，也期待藉由

這樣的設計，激發出不一樣的火花。

成年人依照身心靈的年齡與狀態可概分為青年與壯年；其中，青年期的年齡約在20-45歲之間，壯年期則是在45-60歲之間。青年期相關的身心發展與靈性需求資料，整理如下：

・青年期(20~45歲)身心發展特徵：

隨著生命不同的發展,而被賦予新的角色,如:配偶、父母、謀生者等,而青年時期發展時所要面對的主要課題包括:學業、職業、戀愛問題等。

青年期的身心發展	內容
親密關係的建立	成年期的個體無論在生理或智能等各方面的發展及成熟度,多半可達到巔峰的狀態。這也是成人建立與他人親密關係的開始。親密關係的範圍包含愛情、婚姻、家庭、親子和友誼等情感,且著重在和他人分享心靈上的自我。成年人開始過著「有伴」的生活,同時藉由親密關係的過程,提高性角色扮演的機會,以及形成穩定的兩性關係,建立一個新的家庭。而此一家庭正是供給個體間更進一步統整人格特質及生活形態的場所。以夫妻相處來說,長久以來的家庭生活,容易形成相互依賴的情形,如果有一方獨立性不夠、信任感不足,很容易造成另一方面過重的負擔或是需求不滿足。親子關係也是一個容易產生衝突的層面,如果父母未能健全地經歷早期的發展,就不易體會不同年齡的孩子,正在經歷的發展需求和危機,自然無法提供適切的協助。

社會關係的維繫	成年期可説是一個人追求成就、事業表現、社經地位的巔峰階段。經過了不算短的經驗閱歷，成年人對於自己的生涯目標有更明確的方向和發展，因此在工作及社會關係上有一個穩定性，而在其它宗教或社區、團體上也能形成與他人的友誼。成熟穩健的成人可以維持甚至拓展他/她在工作上的表現，以獲得更大群體對於自己的肯定，同時也透過與同事、朋友們建立的支持網路，促進個人的價值感、自尊和創造能力的展現，並在群居的社會裡擁有自己的一席之地。
親密或疏離的危機	依照艾力克森的理論，個體早期生活各階段所發展的信任、自主、自動自發、進取和自我認同等特性，是親密關係得以發展的基礎。相反地，早期發展階段中未能解決的心理危機和衝突，將會在成年期再度呈現，影響個體與他人相處的關係。例如：一個對自己肯定、接受自我的人，會比一個自我認同模糊、缺乏自信的人更容易信任和接受別人，因為他懂得「將心比心」。無論這個「別人」是他的伴侶、子女或朋友、同事，他都能試著用一顆接納、真實的心去了解，並與他們相處。相對於此，一個缺乏自信心、安全感，或者自卑感重的人，無法在依賴他人和獨立自主上取得平衡點。對外在環境也會有較多的猜疑，與他人交往無法維持一個恆久而深層的關係，容易形成一種孤獨和疏離的感覺。

認知能力的影響	皮亞傑認為成年人的思考模式已能配合其特殊性向及專業領域的發展，把抽象思考的能力發展得更完整，也較之前更能客觀、實際的看待所經歷的事件或問題，作更仔細的分析、計畫、及合理的聯想，來解決問題、掌握必要的影響因素。這種高層的認知層次，未必人人都能達成，有賴於個人的動機、學習的環境等影響變數的配合。因此，如果成年人能具備上述高層認知思考的特質，在面對親密關係或社會關係的問題時，往往可以客觀理智的尋求有效的解決策略，例如：諮詢專家或他人的參考意見，站在他人立場來看事情，而不讓自己陷於低迷、悲觀的情緒反應之中。

整理節錄自：

王梅君。你的一生怎麼過？青春期、成年期及壯年期之心理發展！

https://www.kingnet.com.tw/news/single?newId=14382

延伸閱讀：

高炘編著。<<基督教教育概論>>。台北市：中華福音神學院，2003。

蘇文隆主編。<<改變生命的基督徒教育>>。洛杉磯：台福，2004。

· 青年期(20~45歲)的靈性發展特徵：

發展理論	約翰·威斯霍夫 四個信仰類型	尼爾·漢密爾頓 成熟基督徒的三個階段
發展特徵	**尋求或掙扎的信仰** 這個類型的人通常是處在對自身信仰、家庭與所屬信仰團體有批判思考的年輕人與青年。對承諾／委身的懷疑、實驗、測試與探究是這類型的特徵。 **擁有的信仰** 這個類型的人是能夠自由的與神立約的，且會試圖將信仰融入到日常生活與行為中。這類型的人的特徵包含了擁抱自己的承諾／委身、與宗教信仰的聯合，並且樂意在話語和行為中成為見證。	**成為門徒** 一個人認識主，進而願意獻上生命，跟隨主並成為主的門徒。 **靈裡的轉變** 包括意識到世俗世界所呈現的假象、經驗到饒恕、建立與聖靈的親密關係並且重生，生命進而被聖靈引導。 **在教會與服事中成長** 需要投入在教會的服事中，接納並享受基督徒的團體生活。

補充資料：

發展理論	詹姆斯·福勒 信仰發展理論	露絲·比吉克 基督徒靈性發展理論
發展特徵	童話—字面式的信仰 孩童後期，從父母以外的他人得到信仰知識(一些成人停留在此階段)。 契合式的信仰 一個成熟信仰的階段，很少在卅歲前發現(常常是從來沒有到達這個階段)。不是從自己的立場去使誠實正直具體化，所做出的回應是超越種族、階級或意識形態的界限／範圍。第五階段的成年人將傳統立場與他們所抱持的懷疑，還有他人的觀點作一整合，並帶出一個全新的意義。	成熟時期 1.接納自己要持續成長與學習的責任 2.接受對神與對他人都以聖經教導去行的責任 3.接納以神為中心的、有目的的、與神連結的生活

主題探討

本次授課內容，主要包含傳授基督教信仰中，關於「愛」的觀念，再將此觀念連結到成年人的切身議題─「人生」，以下擷取較簡潔的資料呈現何為基督教信仰中的「愛」，作為教師的教學參考，最後的「教師備課心得紀錄」，則提供教師做更進一步的思考，使教師能夠有系統的整理並記錄自身經驗，以供教學所需。

· 思考基督教信仰中所闡述的「愛」，如何幫助我們理解「愛」？

新約聖經中提到的愛：

關於神的「愛」：「上帝愛世人，甚至將他的獨生子賜給他們，叫一切信他的，不致滅亡，反得永生。」

(約翰福音三16，新標點和合本)

耶穌談論的「愛」：「你們要彼此相愛，像我愛你們一樣；這就是我的命令。」(約翰福音十五12，新標點和合本)

使徒保羅所說的「愛」：「我若能說萬人的方言，並天使的話語，卻沒有愛，我就成了鳴的鑼，響的鈸一般。我若有先知講道之能，也明白各樣的奧祕，各樣的知識，而且有全備的信，叫我能夠移山，卻沒有愛，我就算不得甚麼。我若將所有的賙濟窮人，又捨己身叫人焚燒，卻沒有愛，仍然與我無益。」

(哥林多前書十三1-3，新標點和合本)

「愛是恆久忍耐，又有恩慈；愛是不嫉妒；愛是不自誇，不張狂，不做害羞的事，不求自己的益處，不輕易發怒，不計算人的惡，不喜歡不義，只喜歡真理；凡事包容，凡事相

信，凡事盼望，凡事忍耐。愛是永不止息。」

(哥林多前書十三4-8，新標點和合本)

使徒約翰所說的「愛」：「愛裏沒有懼怕；愛既完全，就把懼怕除去。因為懼怕裏含著刑罰，懼怕的人在愛裏未得完全。我們愛，因為上帝先愛我們。」

(約翰一書 四18-19，新標點和合本)

其他參考資料

路益師(C.S. Lewis)。<<四種愛>>。林為正譯。台北市：雅歌，1989。

教師備課心得紀錄／思考問題

1.回想並寫下自己所體會過的「愛」的經驗。

2.如何與成年人談論基督教信仰中的「愛」的議題？

· 影片教學的思維

隨著3C科技產品的普及,從行車紀錄器到追劇,「影音紀錄」成為現代人不可或缺的生活要素,舉凡出外旅遊、網路直播,甚至連警察都需要在辦案時配戴錄影機記錄辦案實況。「影片」可說是影音藝術的最早呈現方式之一。一般來說,影片是由「影像」配合「聲音」而成,其中「影像」包括了:鏡頭大小、角度、構圖(framing)、運鏡、分鏡、剪接的節奏等電影語言;聲音的部分則包括了音效與配樂。整體來說,影片就是:運用影像及聲音去描述、形容,使抽象的感覺與概念能夠有效地表達、展現與傳遞。影片不僅是一種娛樂,更是一門藝術;一部有深度的影片是具有教育價值的,因此,看一部好的影片就等於是上了一門有意義的課,或像是讀了一本好書。

影片順序的設計

一部好的影片與一篇好的文章一樣,會有「起、承、轉、合」的結構,通常影片內容的設計與安排上,包含四個部分:上升(高潮點的鋪陳)、高潮(好看的點)、下降(高潮點之後的發展)、收場(高潮點的結果)。

觀賞影片時的觀察

觀賞影片時，除了享受影片帶來的聲光娛樂效果，我們還可觀察包含在影片中的各樣要素，其中包括：

影片要素	內容
題材使用	影片中想要表達的內容與議題
採用觀點	影片中試圖陳述、呈現的論點
故事內容	影片中的年代、背景，故事發生的情境......等
人物角色	影片中所出現的人物角色，各自所面對的處境與掙扎，以及與其他角色的關係......等等
表現手法	影片是採開門見山或倒敘故事的手法呈現主題、黑白、一鏡到底、科技特效......等方式作為影音的表現手法

觀賞影片後的反思

如前所述,觀賞影片是寓教於樂的,在觀賞影片後,除了針對五種要素做觀察之外,觀賞影片後,我們可以從以下三個面向做反思:

思考面向	說明
同理心思維	透過影片中所表露的無奈現象,促使我們去思索並勇敢面對與存活在自身處境之中,如何能夠活出積極的生命意義。從瞭解他人經驗與處境的過程中,建構同理心思維。
生活指引	從影片藝術的表達中,探索人生的現象與可能的變化,從中獲得相關的生活指引,思考人與人之間應有的關係,幫助我們建構整全的人生觀。
生命議題	藉由影片中的故事內容與人物角色的處境,促使我們去思考我們要如何面對生活中的各種情況、處理各樣的生命議題,以及建構一個什麼樣的人生。

除此之外，觀賞影片後，可回想影片中所使用的題材、觀點或內容，更深入的思考：

其中有什麼可以引發人們與自身信仰連結，幫助人們建構理想中的生命形態。這其中，不會有死板或固定的樣式，因為生命中有種種情況、各樣遭遇；在不同的境遇中，人們所面對的生命掙扎也不同，教師在備課之餘，可以思考如何從影片中所帶出的議題，得到借鏡與開導。

· 實施影片欣賞教學注意事項

注意事項	內容
場地設備	實施影片欣賞教學之前,需要先確認硬體設備,是否足夠提供有品質的影音效果。其中包括:投影屏幕、投影機、音響設備與影片播放器材(常見的有:筆記型電腦、DVD播放器……)。此外,還需確認:該場地能夠有舒適的空調設備、座椅,乾淨芳香的洗手間等,一個歡迎人的環境,能夠為所有參與的人營造一個舒適的學習環境。
影片挑選	目前市面上有許多影片可供挑選,舉凡電影、台劇、日劇、陸劇、韓劇……等,其中不乏優良的影片可帶入不同的主題、題材,教師可依教學所需或參與者們的特質做出挑選;不過由於大部分的陸劇與韓劇,集數較多,在實際施行的方面,會較不容易持久。一般來說,片長兩小時以內或左右的電影,是比較適合的選擇。一般商業電影容易吸引人們前來觀賞;若是挑選到一部適合的電影,就能夠帶來富有深度、與教學主題有所連結的討論,使人們可以更深入的思考與分享。

影片公播權	是否需要取得影片公播權，需視實際的教學情況而定。 節錄智慧財產局說明如下： 「業者一般將市面上影片分為「家用版」與「公播版」；而「公播版」就是業者授權民眾得在公開場所播放；至於「家用版」，只能讓民眾在家中觀賞，並沒有授權向公眾播放。為何如此分類?主要是依據著作權法規定，這種利用行為會涉及到「公開上映」的行為，所謂公開上映是指「以單一或多數視聽機或其他傳送影像之方法於同一時間向現場或現場以外一定場所之公眾傳達著作內容」，例如在戲院播放電影。「公開上映權」為著作財產權人所專有，需要取得影片「公開上映」的授權，才可以向不特定人播放影片。然而，市面上提供影音視聽的業者，對於公播版影片所用的名稱及授權範圍時常不一致，常見的有：公開播映、公開播放、公開放映、公播用、播映用、播放用、教學用、單位播映等，因此，民眾要在公開場合播放影片之前，應該先確認所播放的影片是否為公播版及可公開上映之範圍，才能在公開場所利用。」 (節錄自智慧財產局網頁:https://www.tipo.gov.tw/copyright-tw/cp-417-855946-3e724-301.html)

| 影片公播權的取得 | 何種情況下需要取得影片公開上映的授權？

社會上各式各樣的活動中，若有利用影音視聽內容，而要與活動目的作連結，以豐富活動的深度與廣度，達到舉辦各類活動的目的，於公開場所播放影片，就應取得「公播版」的授權，以下列舉可能需要取得公播版影片之授權之情形，供民眾參考：

(一)司機每天在遊覽車上播放影片，供乘客於坐車途中欣賞；
(二)策展單位 (例如：XX廣告公司) 為舉辦特定主題展覽等藝文活動，於展覽期間播放該主題的電影，並收取門票費用；
(三)公寓大廈管理委員會每週末在會客室或社區活動中心播放影片供社區居民欣賞；
(四)民間企業每月舉辦電影欣賞會，提供員工之休閒使用；
(五)學校圖書館設立小型放映室，供學生觀賞電影或是定期辦理電影欣賞；

上述例子中的司機(遊覽車業者)、策展單位、公寓大廈管理委員會、民間企業及學校圖書館，除非利用型態有符合著作權法第44條至第65條所規定的可合理 |

影片公播 權的取得	使用情形外，應使用公播版影片或是另行向影音提供者取得授權，才能向公眾公開上映，不能直接以家用版影片播放，也不能以出租版向公眾播放影片，才不會有侵害著作權的情事發生。 (節錄自智慧財產局網頁:https://topic.tipo.gov.tw/copyright-tw/cp-417-855946-3e725-301.html) 而在播放DVD影片部分，建議購買或租用「公播版」(指已授權視聽著作公開上映的版本)，勿逕行使用「家用版」(即指未經視聽著作財產權人授公開上映的版本)。 (節錄自智慧財產局網頁:https://topic.tipo.gov.tw/copyright-tw/cp-401-855868-0d47d-301.html)
不需取得 影片公播 權的情況	在社區的公共區域中不須取得授權的情形？ (一)單純開機─如社區公共區域僅擺放單一台電視接收電視節目訊號，無論訊號內容是來自衛星電視、有線電視或中華電信MOD，如未再將原播送之聲音或影像傳送到另外的收視設備者，應屬單純開機(即使該場所架設有多台電視機，如每台電視機係各自透過一般有線電視電纜直接將訊號傳遞至電視顯示器播送，或該多台電視機，係個別加上數位電視盒，經由各機上盒之獨立天線只接收數位電視節目，均仍屬單純開機)，並不涉及本法之利用行為，自不須取得授權。 (二)合理使用─有關非營利活動之合理使用，依本法第55條規定，凡符合「非以營利為目的」、「未

不需取得影片公播權的情況	對觀眾或聽眾直接或間接收取任何費用」及「未對表演人支付報酬」三項要件，即得於「活動」中公開口述、公開播送、公開上映或公開演出他人已公開發表之著作。因此，倘若社區於特定節慶舉辦的活動(例如中秋賞月)，此類活動中只要符合上述三項要件，社區即得主張合理使用，無須另外取得授權；或者是社區住戶為舉辦特定之家庭活動(例如慶生會)而借用社區公共場所(例如視聽室)，邀請其家庭成員及親友使用伴唱機演唱、播放音樂CD或收看DVD影片等，通常亦符合本法合理使用規定，不致有侵害著作權之問題。 (節錄自智慧財產局網頁:https://topic.tipo.gov.tw/copyright-tw/cp-410-855868-0d47d-301.html)

· 教師帶領影片探討時的注意事項

(一)時間控制—在複習影片內容時,教師需注意不要過短或過久,最好能夠控制在3~5分鐘之內(此為參考值),最長盡量不要超過10分鐘,可視影片長短而定。若是過短,會讓人們來不及思考,令人有急就章之感;過長,則容易使人心不在焉,分散注意力。另外,為避免個人分享的發言時間過長,變成只有一個人在分享的情況,在進入分享前,先說明分享原則(其中包括:不涉及他人隱私、不做攻擊或蔑視他人的發言、分享勿過長……等),使大家都有共識。如此一來,若是之後真的有人分享時間過長而需給予適時提醒時,較不會造成大家不必要的負面感受。

(二)氣氛掌控—在帶領分享時,不要害怕沒有人發言,因為有時人們會需要時間消化跟思考,所以,教師要能夠容許在分享中,可能會有安靜沈默的時間,當人們真的感到能夠分享時,便會自然而然地投入並開始分享。必要時,可提出

事前設計好的問題，幫助人們容易進入分享的過程。另外，教師要注意保持分享氣氛的和諧與融洽，並注意是否每個人都投入在分享或是聆聽之中。若是經濟與場地條件許可，可以預備茶水點心，幫助營造能夠輕鬆分享的氛圍。

(三)保持敏感度－教師需保持敏感度，當大家的分享離題時，能夠將對話帶回主題。另外，若是有人有不當的發言(例如：帶有輕蔑或歧視的字眼、他人的隱私……等等)，需適時提醒，必要時需制止。

以上的三個原則，目的都是在於：確保所有參與的人都能夠享受在觀賞影片後的分享之中，營造輕鬆愉快的氣氛，並且在適當的時機，從不同的主題之中，引發人們作更深入的思考與自然的分享自身的想法。

· 思考「縮小人生」的影片中，關於「人生」的議題。

教師須先行看過「縮小人生」並熟悉劇情，以便教課時參與討論與意見。

「縮小人生」劇情簡介：「縮小人生」是一部美國的科幻喜劇片，發行於2017年。這部電影主要是講述了一對掙扎在財務問題中的中產階級夫婦，保羅與奧黛麗，看到好友因為新科技的發明，把身體縮小後，在實驗社區內過上了一般人無法擁有的奢華生活，因此起心動念，希望如法炮製，能夠為他們往後的人生，帶來不一樣的生活。奧黛麗在最後一刻反悔，拒絕進行縮小身體的程序；毫不知情的保羅，在順利地縮小完身體之後，與奧黛麗協議離婚，並獨自開始他的新生活；而故事的發展到了最後，他在縮小的實驗社區內發現：和原來正常尺寸的世界一樣，縮小的世界中，仍然存在著貧富的差距；在因緣際會之下，他遇上了一位特立獨行的貧民區女革命家—陳玉蘭，進而與之交往，並經驗到了先前未曾有過的真實人生體會。

影片欣賞的討論問題範例：

∘你覺得人為什麼會想要過縮小的人生？

∘縮小人生的世界裡，也分貧富貴賤，當保羅遇上陳玉蘭，他的人生也隨之改變，這樣的情況，對應我們所理解的「愛」，可以有什麼樣的連結？

∘回想你到目前為止的人生，你有什麼滿足的？有什麼是遺憾或後悔的？有什麼是想要改變的？

教師備課心得紀錄／思考問題

1.你會如何與成年人談論「人生」相關的課題？

_____

_____

_____

_____

_____

2.「人生」的課題，與基督教信仰中所提到的「愛」的議題，可以
　有什麼關聯？

_____

_____

_____

_____

_____

◆ 課程程序：

程序	預估時間 （分鐘）	使用教材／器材	活動設計與內容
課前活動	10	場地確認: 舒適且方便移動的椅子 環境與洗手間的整潔 播放器是否正常運作	課堂講解
主要課程	140	電影DVD:「縮小人生」 DVD播放器、投影機、 擴音喇叭 適當的茶水與點心	電影觀賞
中場休息	5	休息時間	
課後活動	50	電影教學分享電子檔案 (投影片電子檔案內容包括： 電影中主要演員的照片與其 在片中的名字) 電腦 投影機 與人數相應的「討論問題」 紙條	分享與回應
備註			

◆ 課程說明：

· 課前活動

活動名稱：課堂講解

活動目標：預備參與者有最佳的觀賞電影心態

設計理念說明：參與者能夠清楚了解觀賞電影時需注意的相關
事項。

活動內容：

1.歡迎詞

2.解說電影欣賞時的觀察與思考的三個面向

3.講解觀賞電影的注意事項(請將手機調成震動、可安靜自由移
動......等)

4.說明結束後，可開始播放電影

· 主要課程

　活動名稱：電影欣賞：「縮小人生」

　活動目標：使參與者思考「愛」與「人生」的議題

　設計理念說明：透過觀賞電影的過程，使參與者思考電影情
　　　　　　　　節，引發參與者對「愛」與「人生」的議題做思考
　　　　　　　　與分享。

　活動內容：

　播放電影「縮小人生」

· 課後活動

　活動名稱：分享與討論

　活動目標：使參與者分享對「愛」與「人生」議題的想法

　設計理念說明：透過與電影相關的問題設計，引導參與者對
　　　　　　　　「愛」與「人生」議題的思考，在與他人分享的
　　　　　　　　過程中，得到新的啟發！

　活動內容：

1.教師可先簡單複習電影內容，並播放含有主要演員的照片
　與其片中名字的投影片。

2.詢問參與者對於電影情節是否有不清楚之處，若有，請協助
　澄清。

3.發下「討論問題」的紙條，開始進行討論。

4.教師可就討論內容做出結論與分享後，結束課程。

國家圖書館出版品預行編目(CIP)資料

讓教學成為一場靈性饗宴：靈性教育三部曲．序幕 =
The influence of spiritual education. volume 1 prelude/
張育慧 Yu-Hui Chang 著. -- 臺北市：八二八數位智能有限公司,
2021.09　　面；　公分
ISBN 978-986-06380-0-4（平裝）
1.基督教教育　2.基督徒
247.71　　　　　　　　　　　　　　110004794

讓教學成為一場靈性饗宴
靈性教育三部曲｜序幕

作　　者｜張育慧 Yu-Hui Chang（Hope Chang）
出 版 者｜八二八數位智能有限公司 828 DIGITAL INTELLIGENT CO., LTD
發 行 人｜林珚鈞 Crystal Lin
美術設計｜Clou.dy 入雲設計
美術主編｜羅巧雲 Clou Luo
封面設計｜余佳齊 Chia-Chi Yu
校　　稿｜孫紹軒 Johnny Sun、奚雨亭 Yuting Hsi、李晏婷 Lana Lee

八二八數位智能有限公司
828 DIGITAL INTELLIGENT CO., LTD

台北市大安區忠孝東路四段169號12樓之一
12F-1, No. 169, Sec. 4, Zhongxiao E. Rd., Da'an Dist., Taipei, Taiwan
服務時間｜週一至週五 10:00 -12:00　13:00 -17:00
公司網址｜https://828dico.com
公司電話｜02-2778-0282
出版日期｜2021.09 初版一刷

Chang, Yu-Hui (Hope Chang)
　　The Influence of Spiritual Education Volume 1 Prelude/Yu-Hui Chang (Hope Chang)
Copyright © 2021 by Yu-Hui Chang (Hope Chang)
All rights reserved
　　p. cm.
　　Includes bibliographical references and index.
　　ISBN 978-986-06380-0-4 (paper)
　　1. Spiritual growth–Christianity 2. Education–Philosophy 3. Curriculum design

Printed in Taiwan